Oraciones Milagrosas
Cómo Obtener tu Milagro de Dios
Volumen 2

I0569043

Michael Blacker

www.TrueVinePublishing.org

Oraciones Milagrosas: Vol. 2
Michael Blacker

Publicado por
True Vine Publishing Co.
810 Dominican Dr.
Nashville, TN 37228

ISBN: 978-1-962783-76-7 tapa blanda
ISBN: 978-1-962783-55-2 libro electrónico

Las citas bíblicas marcadas KJV se toman de la Santa Biblia, Versión Reina-Valera (King James Version).

"Las citas bíblicas marcadas (NLT) se toman de la Santa Biblia, Nueva Traducción Viviente, copyright © 1996, 2004, 2015 por Tyndale House Foundation. Usado con permiso de Tyndale House Publishers, Inc., Carol Stream, Illinois 60188. Todos los derechos reservados."

"Las citas bíblicas tomadas de la Biblia Amplificada® (AMP), Copyright © 2015 por The Lockman Foundation. Usado con permiso. lockman.org."

Las citas bíblicas tomadas de la Santa Biblia, Nueva Versión Internacional® (NVI®), Copyright © 1973, 1978, 1984, 2011 por Biblica, Inc. Usado con permiso. Todos los derechos reservados a nivel mundial.

Las citas bíblicas tomadas de THE MESSAGE. Copyright © 1993, 1994, 1995, 1996, 2000, 2001, 2002. Usado con permiso de NavPress Publishing Group.

Dedicatoria

Agradezco a mis padres su duradera influencia en mi vida.

A Papá, que ya no está con nosotros, para enseñarme el valor de honestidad, su duro trabajo, y determinación que me han traído hasta aquí.

A Mamá, cuyo amor constante nunca cambia a pesar de mis muchas imperfecciones.

Agradecimientos

A todos aquellos que han brindado su amistad, oraciones, aliento, diversas ayudas y recursos financieros -son demasiados para nombrarlos- les imparto una poderosa bendición que no puede ser revertida en el nombre de Jesús.

Especialmente, quiero agradecer a mi familia adoptiva en Puerto Rico: Filiberto Cartagena Colón y Nydia León Ocasio. Pastor Martin Torres, Pastors Frankie Torres Fred y Karol S. Colón Ortiz, Pastors Jorge Cruz y Damaris Torres, Pastors Edgar Gonzalez Collazo y Elizabeth Ramírez Vega, Aida L. Vega y Cristino Del Valle. Gracias a todos por la parte especial que cada uno de ustedes juega en hacer de este lugar mi hogar, y ayudar a que esta gran Visión se haga realidad.

Índice

Prólogo

Mas a Jehová vuestro Dios serviréis, y él bendecirá tu pan y tus aguas; y yo quitaré toda enfermedad de en medio de ti. (Éxodo 23:25)

A través del libro, Oraciones Milagrosa, el Pastor Michael Blacker nos lleva por una travesía de lo que ha sido su experiencia y como ha visto a Dios obrar milagros en la vida de tantas personas. Al leer las experiencia que se nos relatan en el libro, podrás experimentar el poder que se manifiesta cuando el Espíritu Santo y la palabra de Dios obran de manera milagrosa para sanar y libertar vidas.

El Pastor Michael, es un hombre de Dios, a quien el Señor nos ha permitido conocer y amar en el Amor de Cristo. Damos fe de su entrega al Señor y amor a las almas. Es un siervo en quien el Espíritu Santo ha depositado un don especial de sanidad y podemos dar fe de que es un hombre de oración y con una fe inquebrantable.

El Pastor Michael, ciertamente es un testigo fiel al Señor y ha hecho suya la palabra: *Conviene que yo declare las señales y milagros que el Dios Altísimo ha hecho conmigo.* (Daniel 4:2)

Recomendamos favorablemente este libro y sabemos que a través de su lectura el Espíritu Santo ministrará de manera poderosa a su vida y cada uno de los testimonios compartidos en sus páginas fortalecerá la fe de todos los lectores.

Bendiciones

Frankie G. Torres Fred
Pastor
Iglesia Cristiana Carismática Jesucristo El Salvador
Villalba, Puerto Rico

Introducción

Pedro, pues, estaba en la cárcel; pero la iglesia oraba sin cesar a Dios por él. (Hechos 12:5)

¿Cómo obtenemos milagros de Dios? Con nuestras oraciones. Pedro necesitaba salir de la cárcel. El rey Herodes había matado a otros, y Pedro era el siguiente. La Iglesia oró sin cesar, y Dios envió un ángel para sacarlo de la cárcel y salvarle la vida. El milagro de Pedro comenzó con la oración.

Los milagros desafían la ley natural. Cuando nos encontramos en una situación imposible -algo que no se puede hacer en lo natural- necesitamos un milagro. La imposibilidad de Pedro era la prisión, y el rey hostil decidido a matarlo. La vida está llena de imposibilidades. Dios es un Dios de posibilidades.

Si puedes creer, todo es posible para el que cree (Marcos 9: 23).

Necesitamos aprender a orar oraciones llenas de fe que superen nuestras imposibilidades y hagan que Dios nos conceda milagros.

¿Cómo descubrí el potencial de la oración?

¡VAS A MORIR, HAY QUE HACER ALGO!

Durante diez años de mi vida, fumé marihuana constantemente. Al despertarme, durante el día y antes de

11

dormir, ¡fumaba! El último mes de mi adicción de diez años fue un momento aterrador para mí. Como Pedro en la cárcel, la muerte se acercaba. Estaba atrapado en algo de lo que no tenía fuerzas para escapar. Durante un mes, todas las noches, cuando me acostaba a dormir, oía una voz que me aterrorizaba.

¡VAS A MORIR, HAY QUE HACER ALGO!

¡VAS A MORIR, HAY QUE HACER ALGO!

Gracias a Dios, mi abuela y su iglesia oraban por mí. Como resultado, me encontré en la Iglesia una fría noche de Noviembre.

En una noche, Dios

-Me liberó de una adicción de diez años.

-Me sanó de todos los efectos negativos del abuso de drogas.

-Me dio un don especial de sanidad - la habilidad de orar por las personas y ver como El las sana.

Así que he descubierto el potencial de la oración. Nuestras oraciones hacen que Dios haga los milagros que necesitamos en nuestras vidas. Las oraciones de mi abuela fueron las primeras de muchas en mi vida. Aquella memorable noche en la Iglesia comenzó un viaje de mas que 20 años lleno de muchos milagros de Dios. Los siguientes son algunos de los más memorables que Él ha hecho.

Que tu fe comience a elevarse mientras lees, y aprendes a orar y recibir milagros de Dios. En el nombre de Jesús.

Cómo aprovechar al máximo este libro

Querido lector

¿Cómo oramos para obtener los milagros que necesitamos? Muy simple, hay tres pasos necesarios para recibir su milagro de Dios:

1.Un alto nivel de Fe

2.Versículos bíblicos para apoyar sus peticiones

3.Oraciones poderosas que destruirán la oposición e invocarán a Dios para que libere un milagro.

Veamos brevemente estos tres pasos.

UN ALTO NIVEL DE FE

Y lo vencieron por . . . la palabra de su testimonio. (Apocalipsis 12:11)

Este versículo describe como el diablo fue vencido - por la palabra del testimonio de ellos.

Dios siempre quiere liberar milagros en nuestras vidas. Es el diablo quien no quiere que los tengamos. Entonces, de acuerdo a esto, una manera de obtenerlos es por medio de nuestros testimonios. Los testimonios descritos en este libro están escritos con el objetivo de elevar tu fe al alto nivel que necesita para recibir tu milagro de Dios.

Verá, Jesús dijo: Todo es posible para el que cree

13

(Marcos 9:23)

Así que anímate a creer que Dios hará lo mismo por ti. ¡Ese es el primer paso!

VERSÍCULOS BÍBLICOS PARA APOYAR TUS PETICIONES

La Biblia dice: *Dios no es hombre, para que mienta; ni hijo de hombre, para que se arrepienta; ¿dijo, y no hará; o habló, y no hará?* (Números 23:19)

¡Vaya! Dios está obligado a cumplir Su Palabra. Así que cuando encontramos un versículo en el cual apoyarnos, y lo guardamos fielmente en nuestros corazones, tenemos algo que requiere que Él cumpla.

Al final de cada capítulo hay una sección titulada:

ORACIONES MILAGROSAS. . . *¡¡EN ACCION!!*

Tanto en los testimonios como aquí encontrará versículos en los que apoyarse para obtener su milagro. Estos versículos son confiables, y funcionarán infaliblemente para usted. Úselos, o encuentre otros más adecuados para su propia situación.

El paso final para recibir nuestro milagro de Dios es el siguiente:

ORACIONES PODEROSAS QUE INVOCAN A DIOS PARA LIBERAR UN MILAGRO

Durante los días de la vida de Jesús en la tierra, él ofreció oraciones y peticiones con fervientes clamores y lágrimas al que podía salvarlo de la muerte, y fue escu-

chado. (Hebreos 5:7)

Desde los días de Juan el Bautista hasta ahora, el Reino del Cielo sufre violencia, y los violentos lo toman por la fuerza. (Mateo 11:12)

Las oraciones de Jesús no eran silenciosas y fueron escuchadas por Dios. Las oraciones que Dios escucha son apasionadas y, a menudo, ruidosas. Otra cualidad única del ministerio de Jesús es su autoridad sobre el diablo. Jesús ayunó cuarenta días para vencer al diablo, y cuando terminó, regularmente echaba fuera demonios de muchos para hacer milagros.

Necesitamos darnos cuenta que tenemos un enemigo - el diablo. La guerra regular es una parte esencial de nuestras oraciones apasionadas a Dios. ¡Estas son llamadas oraciones violentas!

Al final de cada sección de ORACIONES MILA-GROSAS. . . EN ACCIÓN hay ejemplos de oraciones que puedes utilizar, o modelar las tuyas propias a partir de estos patrones.

Para repasar, mientras trabajas para conseguir tu milagro, hazte las tres preguntas siguientes :

1. Hoy, mientras oro, ¿cómo puedo aumentar mi fe a su nivel más alto?

2. Hoy, ¿qué versículo de la Biblia voy a magnificar en mi vida?

3. Hoy, ¿qué oraciones puedo hacer para vencer la oposición y obtener la victoria inmediata?

Este comienzo de Milagros

Este principio de milagros hizo Jesús en Caná de Galilea, y manifestó su gloria; y sus discípulos creyeron en él (Juan 2: 11).

Crecí en Nueva York. Mi padre nos mantenía muy bien. Mamá se quedaba en casa para cuidar de mis dos hermanas y de mí. Íbamos a una Iglesia que mis padres amaban, y de la que fueron fieles miembros durante muchos años. Por desgracia, para nosotros, los niños, era terriblemente aburrida. Ha mejorado mucho desde entonces, pero para nosotros era horrible.

La norma era seguir yendo a la iglesia hasta los 16 años. En cuanto mi hermana mayor cumplió los 16, dejó de ir. Mi hermana menor y yo seguimos su ejemplo y también dejamos de ir cuando cumplimos esa edad. Como muchos de mis amigos, empecé a beber alcohol. Fácilmente tomó el lugar en mi vida que fue diseñado para el Amor de Dios.

Desafortunadamente, el problema del alcohol pronto fue tomado por las drogas - marihuana. Durante diez años fui adicto. Fumaba día y noche, casi todos los días, mientras podía comprármelo. La adicción hizo que termi-

17

nara mis estudios. Estaba haciendo estragos en mi cuerpo - cada vez que paraba, me daban terribles dolores de cabeza, además de toser los restos que me quedaban en el pecho y el estómago. La única solución era continuar, para escapar del terrible síndrome de abstinencia cada vez que paraba.

La droga casi destruyó las relaciones con toda mi querida familia. Llevaba una vida aislada: mis dos hermanas estaban lejos de mí, mi padre estaba terriblemente enfadado porque había desperdiciado la educación y la buena vida que tanto le costó proporcionarme. Mamá estaba triste y le costaba verme en ese estado. Mi abuela era cristiana. Aunque sabía poco de su fe, sí sabía que creía en el poder de la oración y en la capacidad de Dios para curar. Por qué siempre estaba sana y nunca necesitaba un médico era un misterio para nosotros, y algo que mis padres nunca supieron explicar.

En ese momento, era viuda y vivía en Florida. Yo la veía cuando venía de visita o, de vez en cuando, volaba a Florida. Desde luego, Papá le contaba mis problemas. A pesar de ello, nunca habló de ellos conmigo. Recuerdo que una vez recibí de ella un artículo sobre el Ángel Miguel...

Hubo guerra en el Cielo: Miguel y sus ángeles lucharon contra el dragón; y lucharon el dragón y sus ángeles, pero no prevalecieron (Apocalipsis 12:7,8)

Dios me perdone, pero puedo recordar mi comentario cuando leí esto -

¿Miguel y sus ángeles? ¿Qué es esto? ¡Parece estar más drogada que yo!

Lo que me dijo fue - ¡Dios es Amor! oro por ti. Era un ejemplo perfecto del amor de Dios cada vez que la visitaba. Me compraba ropa y me daba dinero, que yo utilizaba para comprar drogas en cuanto llegaba a casa. Todas las noches mientras que visitaba ella, me daba cuenta de que la luz de su habitación siempre estaba encendida. Cuando me asomaba por la puerta, siempre estaba estudiando la Biblia, orando, o sentada en la cama, dormida, con su Biblia en el regazo.

Aunque parecía muy extraño, una semillita de fe se estaba plantando en mi vida. Estaba viendo la respuesta que mi corazón enterrado estaba buscando. No sabía que la abuela estaba pronunciando la primera de muchas oraciones milagrosas de mi vida. Yo estaba en el exterior mirando hacia adentro - pero muy pronto - yo sería el que estaba en el interior de este extraño ritual.

A través de sus oraciones, Dios comenzaba a intervenir en mi vida. Mientras todo esto sucedía, oía esa voz alarmante cada vez que me acostaba a dormir.

VAS A MORIR! <u>HAY QUE HACER ALGO!</u> VAS A MORIR! HAY QUE HACER ALGO!

Dios intervino a través de un amigo. Tenía éxito en los negocios y estaba casado con una bella esposa. Como tenía ambas cosas, cuando me invitó a un estudio bíblico, decidí ir. Me gustaría decir que fui porque quería saber más sobre la Biblia, ¡pero esa no era la razón! Pensé que tal vez aprendería cómo conseguir una esposa hermosa como él, y un negocio exitoso!

Continué en el estudio bíblico, Y secretamente con mi hábito a las drogas. Con el tiempo, el estudio bíblico hizo hincapié en la importancia de ir a la Iglesia. Mi amigo me ayudó a encontrar una iglesia cercana y fui a ver si me gustaba. La mañana anterior al servicio, subí a la colina que había detrás de mi casa y me drogué. Luego me fui a casa, me lavé los dientes, me hice gárgaras con enjuague bucal, me duché, me vestí y me fui a la iglesia.

Cuando llegué, estaban cantando hermosas canciones y alabando a Dios. Inmediatamente empecé a emocionarme y a llorar en la presencia de Dios. Comencé a visitar los servicios dos veces por semana. Aunque Dios estaba haciendo algo en mi corazón, todavía no me había librado de las drogas. Las reduje bastante, pero debido al síndrome de abstinencia, no pude liberarme por completo. Poco sabia yo del comienzo de milagros que estaba viniendo en mi camino.

Este principio de milagros hizo Jesús en Caná de Galilea, y manifestó su gloria; y sus discípulos creyeron en él (Juan 2:11)

Después de tres semanas, Jesús comenzó sus milagros en mi vida. El manifestaba Su Gloria, y estaba a punto de hacer algo que me haría creer en El por el resto de mi vida. Un frío miércoles por la noche en Noviembre, asistí a un servicio. Cuando comenzó el culto, de repente mis dos manos se calentaron increíblemente! No se lo dije a nadie, pero no sabía lo que estaba pasando. Las sacudí hacia arriba y hacia abajo para intentar enfriarlas, pero seguían tan calientes que empezaron a ponerse rojas.

Cuando terminó la música, el Pastor pasó al frente e hizo una pregunta muy inusual:

¿Hay alguien aquí con manos calientes?

Pensé, ¡¿qué está pasando aquí?! Levanté la mano y me llamó al frente. De repente, estaba a su lado, con unas 150 personas mirándonos. Ya no eran sólo mis manos : todo mi cuerpo se puso rojo de vergüenza!

Yo era muy tímido y toda la atención que se centraba en mí era excesiva. En la fracción de segundo antes de que hablara el Pastor, recuerdo que miré hacia la salida de emergencia que estaba al lado del altar. Pensé que debía salir corriendo, ¡qué vergüenza! Luego volví a pensar que, si salía corriendo, se dispararía la alarma y no podría volver jamás. Sopesé las opciones. Aunque no tenía ni idea de lo que estaba a punto de ocurrir, sabía que quería seguir yendo a esta iglesia, así que tendría que quedarme.

El Pastor explicó entonces que durante el culto, el Señor le había dicho que había alguien en la congregación con las manos calientes, y que también había personas enfermas. El Señor dijo que la persona con las manos calientes (que era yo) debía orar por ellos y Él los sanaría. Preguntó si había alguien enfermo. Diez personas levantaron las manos. Él los llamó adelante, y ellos se alinearon delante de nosotros.

Entonces dijo: Michael, ¿puedes orar por ellos? y me puso el micrófono delante de la cara. Cubrí el micrófono con la mano y le susurré al oído: ¿Quieres que rece por ellos? Asintió con la cabeza y no dijo nada. Volví a mirar hacia la salida de emergencia y recordé mi decisión. Verás, la primera persona delante de mí era la Pastora Asistente . Pensé, ¿una mujer? ¿Pastora Asistente? No sé orar. No puedo orar por la Pastora. ¡Pensé que ella debía orar por mí!

Menos mal que se limitó a negar con la cabeza y no dijo nada, ¡porque no tenía escapatoria! No sabía nada de la oración, ni de la escritura,

Pondrás manos sobre los enfermos, y sanarán (Marcos 16:18)

Había visto las oraciones al final de cada servicio, y los pastores y ministros ponían las manos sobre la otra persona, así que hice lo mismo. Puse mi mano sobre su hombro y simplemente dije: Dios, ¿por favor, puedes sanarla?

Continué a lo largo de la fila, repitiendo las mismas palabras y poniendo la mano en cada hombro. Cuando llegué a la cuarta persona, sucedió algo indescriptible. Me invadió un calor tremendo y, de repente, un torrente de palabras brotó mientras oraba. Al llegar al final, toqué el hombro de una mujer y, antes de que dijera nada, se cayó al suelo! Menos mal que lo había visto antes, porque de lo contrario habría salido corriendo por la salida de emergencia por miedo a haber matado a alguien! Asombrado, vi como los ujieres la tumbaban en el suelo y la cubrían con una sábana. ¿Qué estaba haciendo?

Volví a mi asiento, intoxicado. Cerré los ojos, crucé las manos e incliné la cabeza. La Pastora Asistente subió al pulpito y predicó. No oí ni una palabra del mensaje porque parecía estar en estado de embriaguez. Después, se me acercó y me dio las gracias por haber orado por ella. Me dijo que antes de la oración se encontraba mal y que iba a pedirle al Pastor que predicara en su lugar. Sin embargo, después de mi oración, ¡se curó y predicó!

Me fui a casa asombrado por lo que había ocurrido. Dios la había curado gracias a mi oración. Yo, un drogadicto en apuros, dije unas pocas sencillas palabras: Dios, ¿podrías sanarla? No tenía sentido. Todavía intoxicado, me fui a dormir. A la mañana siguiente me desperté sintiéndome como nunca me había sentido en diez años. Me había liberado y curado. Todos los dolores de cabeza habían desaparecido y la congestión había desaparecido.

Dios me había visitado de verdad, y ahora me doy cuenta de que cambió mi vida en esa única noche. Desde ese día, nunca he considerado volver a las drogas, y he estado excepcionalmente saludable desde entonces! ¡Jesús había entrado en mi vida! Después del comienzo de los milagros que hizo esa noche, Su Gloria realmente se manifestó, y siempre creeré en Él porque me salvó de la muerte a la que ciertamente me dirigía.

¿No es eso digno de gritar Aleluya?

Necesitamos entender que Jesús ofrece tanto la cura como la solución para todos los problemas de adicciones. En un mundo lleno de programas, medicamentos, doctores, psiquiatras y terapeutas ofreciendo curas para las adicciones - permíteme presentarte al único que nunca falla - Jesucristo de Nazaret!

Querido lector, si conoces a alguien que sufra con alguno de estos problemas POR FAVOR encuentre una Iglesia y congregación que crea en la presencia del Espíritu Santo, y practique el ministerio de liberación que Jesús ha confiado a Su Iglesia aún hoy.

ORACIONES MILAGROSAS *EN ACCIÓN!*

Este principio de milagros hizo Jesús en Caná de Galilea, y manifestó Su Gloria; y Sus discípulos creyeron en Él (Juan 2:11)

En esta escritura, el gobernante de la fiesta comenta que el mejor vino ha sido sacado al final de la fiesta, lo cual era contrario a la costumbre de sacarlo al principio. No sé en qué punto se encuentra tu vida, pero lo que esto significa es que, a partir de ahora, ¡lo que queda de ella será más bueno y embriagador que nunca!

Es sólo el Poder del Espíritu Santo el que trae gozo verdadera y duradera. En Hechos 2, después de que el Espíritu Santo vino sobre los discípulos, los que estaban allí pensaron que habían estado bebiendo vino.

ORA ESTA ORACIÓN MILAGROSA:

Señor Jesús:

Renuncio a todo lo que se llama adicción. El lugar en mi alma que fue diseñado para el Amor de Dios - que el Espíritu Santo aparezca ahora y lo llene a rebosar. Que una visita milagrosa del Espíritu Santo cambie mi vida para siempre. Yo declaro - todos los poderes de las tinieblas han sido quebrantados. Soy libre. Estoy curado. Creo en ti, y estoy gozoso porque tu Gloria ha venido y ha cambiado mi vida.

En el Nombre de Jesús yo oro.

Un nombre sobre todos los otros nombre . El Nombre de Jesús

Poco después de aquella noche increíble, empecé a comprender lo que Dios había hecho. El da a ciertas personas dones de sanidad - la habilidad de orar por los enfermos en fe, y El los sana. Rápidamente, empecé a orar por los enfermos, y uno de los ancianos de la Iglesia comenzó a enviarme a visitar a los miembros en el hospital.

Había un hombre llamado Fred con linfoma no Hodgkins en estadio 4. Más tarde descubrí que se trata de la enfermedad más grave del mundo. Más tarde descubrí que este es el estadio más grave del cáncer, que estaba localizado en la parte baja de su espalda. Quizá era mejor que no lo supiera. Simplemente entré con la misma fe que tenía después de que Él hubiera hecho un milagro tan maravilloso por mí. Nunca consideré la gravedad de la enfermedad.

Antes de visitar a Fred, no lo conocía muy bien.

Descubrí que le encanta hablar. Podía hablar con cualquiera. No hay conversación corta con él. Cuando fui a visitarle al hospital las cosas eran MUY DIFERENTES tanto con él como con su mujer.

Cuando entré en la habitación, supe que las cosas no iban bien. Su mujer, Virginia, parecía MUY PREOCUPADA. Nunca la había visto tan seria. Su sonrisa habitual y su actitud alegre habían desaparecido por completo. Parecía asustada y, aunque no podía mencionarlo, imaginé que temía perder a su marido.

Él estaba tumbado en la cama. Ella le dijo que yo había venido, pero él apenas estaba despierto. Los tratamientos de quimioterapia habían terminado, pero estaba extremadamente deshidratado y fatigado. Su tez italiana, normalmente bronceada, había desaparecido por completo y estaba muy pálido. Intentó levantarse, pero no pudo. Con una disculpa, me dijo que no tenía fuerzas. Me enseñó una botella llena de agua. Los médicos necesitaban que bebiera mucha agua para recuperarse. Por desgracia, era incapaz de tragar y apenas podía beber. Volvió a dormirse y yo hablé brevemente con su mujer, pero me sentí muy incómodo.

Antes de empezar a orar, cerré la puerta para tener intimidad. De pie y cerrando los ojos, me invadió el mismo Poder de Dios que empezaba a conocer tan bien. Alcé la voz en una oración llena de autoridad. Antes de darme cuenta de lo que estaba diciendo, algo salió de mi interior,

¡Espíritu de miedo, vete ahora, en el nombre de Jesús! Espíritu de muerte, te ordeno que te alejes de este hombre, en el nombre de Jesús.

Terminé, muy segura de que Dios estaba presente por lo que estaba sintiendo. Después de abrir los ojos, vi que Él también había visitado tanto a Fred como a Virginia. Sus ojos estaban llenos de lágrimas. Una enorme sonrisa volvió a su cara, se levantó y me dio un gran abrazo.

Para mi asombro, él estaba completamente despierto. Tanteó para coger el mando y levantar el respaldo de la cama. Después de enderezarse, cogió la botella llena de agua, y se la bebió toda de un largo trago. Aquello era asombroso, pero aún lo era más que el color de su cara hubiera vuelto por completo.

Tres días después, recibí una llamada que recordaré siempre. Era Fred, y me contaba con gran alegría que los médicos le habían dado el alta del hospital, ¡alabado sea Dios! Se había recuperado completamente, y el siguiente examen con catscan confirmó lo que ya sabíamos: ¡estaba completamente libre de cáncer!

Esto era completamente nuevo para mí. Yo no sabía lo que estaba haciendo, pero Dios sí, y mientras Él liberaba las palabras de mi interior, aprendí cómo trabaja Él. Aprendí sobre el nombre de Jesús. En la Iglesia me enseñaron - termina tus oraciones en el nombre de Jesús. Pero en la batalla, aprendí LO QUE PASA cuando terminamos nuestras oraciones en el nombre de Jesús!

Por lo cual Dios también le exaltó hasta lo sumo, y le dio un nombre que es sobre todo nombre, para que en el nombre de Jesús se doble toda rodilla de los que están en los cielos, y en la tierra, y debajo de la tierra; y toda lengua confiese que Jesucristo es el Señor, para gloria de Dios Padre (Filipenses 3:9-11)

¿Qué ocurrió en aquella habitación?

1. Nosotros tres unimos en la fe para creer que Dios podía curar a Fred del cáncer.

2. El nombre de Jesús fue usado con autoridad. El miedo y la muerte que se estaban apoderando de sus vidas tuvieron que someterse a la fuerza superior representada por el nombre de Jesús, y salir inmediatamente.

Cada vez que paso por este hospital doy gracias a Dios por lo que ha hecho. Estoy tan feliz por lo que Él ha hecho en mi vida y en las vidas de Fred y Virginia. ¡Sonrío cuando recuerdo cómo el diablo fue derrotado en ese lugar!

ORACIONES MILAGROSAS ¡EN ACCIÓN!

Dios también le exaltó hasta lo sumo, y le dio un nombre que es sobre todo nombre: para que en el nombre de Jesús se doble toda rodilla de los que están en los cielos, y en la tierra, y debajo de la tierra. (Filipenses 3:9-11)

La historia de David y Goliat es bien conocida. Cuando el gigante se enfrentó a David, el respondió: *Tú vienes a mí con espada, lanza y escudo; pero yo vengo a ti en el nombre de Jehová de los ejércitos, Dios de los ejércitos de Israel, a quien tú has desafiado* (1 Samuel 17:45)

David conocía el valor del nombre del Señor, sin embargo tú y yo tenemos ese nombre en su perfección - el nombre de Jesús. No sé qué gigantes hay en tu vida, pero lo que si se es que en el Nombre de Jesús, ellos tienen que caer.

ORA ESTA ORACIÓN MILAGROSA:

Señor Jesús, ten misericordia de mí, te lo ruego. Ordeno a todo gigante que amenaza mi vida que caiga. Hablo el nombre sobre todos los nombres con respecto a mi situación - debe someterse. Gigante, (nombra el desafío) deja mi vida, y muere.

En el Nombre de Jesús.

No Moriré, Sino Viviré y Declararé las Obras del Señor

PARTE I

Mientras escribo esto, doy gracias a Dios por donde me ha llevado. Por más de 10 años, he trabajado tiempo completo para el Señor, y he dejado los varios trabajos seculares en los que trabajé. ¡Es realmente emocionante! Sin embargo, ¡no siempre fue así!

Poco después de comenzar mi vida cristiana, pasé por dificultades que nunca podría imaginar. Llegué al fondo. Me sentía como un prisionero en cada área de mi vida - sin escapatoria. Incluso hubo momentos en los que pensé en dejarlo todo, a pesar de que había sido cristiano durante varios años.

Al vivir en el campo, sin transporte público, el coche es esencial. El viejo coche que tuve durante varios años se averiaba casi todos los meses, agotando mi economía. Al final, el motor reventó y me dejó completamente tirado. Al mismo tiempo, todos los trabajos parecían haberse parado, y no tenía forma siquiera de buscar trabajo. Las facturas no se pagaban durante meses, y era un reto evitar que me cortaran el teléfono. Estaba bajo mínimos y luchaba por tener comida suficiente en casa.

Además, la enfermedad empezó a atacarme. Después de recibir el don de sanidad, uno de los beneficios parecía ser una salud excelente. La escritura dice,

Ora por los demás para que sean sanados. (Santiago 5:16)

Aparentemente, uno de los beneficios especiales de trabajar en un ministerio de sanación es que Dios me mantiene sano. Aunque ha habido desafíos ocasionales en el camino, he llegado a saber y confiar en que el Señor siempre es fiel para sanarme completamente.

Sin embargo, de repente esta salud divina fue atacada. Desarrollé un doloroso caso de hemorroides que no desaparecía.

El Señor te herirá con hemorroides (Deuteronomio 28: 27)

En la Biblia, las hemorroides se describen como una de las maldiciones de la ley. Me pregunté: ¿por qué me ha caído esta maldición? La medicación, que no parecía funcionar, tenía un olor terrible que era como una nube negra que me seguía todo el día. Además, se me durmieron los nervios del pie derecho. Cojeaba: el pie no se levantaba y tenía que arrastrarlo a cada paso. Esto agravó aún más mi depresión, porque toda mi vida me ha gustado hacer ejercicio: correr o caminar es casi tan esencial para mí como respirar. Empecé a sentirme como un viejo tullido arrastrando los pies.

Finalmente, me convertí en un cristiano frustrado.

La fe, si no tiene obras, está muerta. (Santiago 2:17)

Había pasado casi diez años sentado en la Iglesia escuchando la Palabra de Dios, experimentando el mover del Espíritu Santo, ¡pero NO TENÍA MINISTERIO! Ocasionalmente oraba por los enfermos, y veía a Dios sanarlos, pero no de manera regular. El don que tenía estaba estancado. Proverbios 13:12 dice,

La esperanza aplazada acaba por enfermar el corazón.

Ese era yo, cansado de sentarme en la Iglesia, y volviéndome más desesperanzado cada día. Todo cambió cuando descubrí una línea de la Escritura:

No moriré, sino que viviré y contaré las obras del Señor (Salmo 118:17)

Algo dentro de mí empezó a luchar de nuevo cuando descubrí este versículo. Decidí que iba a resistir estos sentimientos de oscuridad. Comencé a confesarlo día y noche. Empecé a repetir continuamente

No moriré, sino que viviré y contaré las obras del Señor. . .

No moriré, sino que viviré y contaré las obras del Señor. . .

No moriré, sino que viviré y contaré las obras del Señor.

Incluso hice una canción con ello. Nada sucedió inmediatamente en el exterior, pero ALGO estaba sucediendo dentro de mí. Me sentí elevado. Sabía que viviría.

LAS PAREDES DE LA PRISIÓN EN LA QUE ESTABA SE DERRUMBARON EN ESE MOMENTO.

Supe en el Espíritu que estaría bien. La muerte había quedado atrás. Después de un tiempo, las cosas comenzaron a suceder –

sorprendentemente, un buen amigo me regaló un hermoso auto - ¡con four wheel drive! Lo llevó al mecánico para una puesta a punto, pagó dos meses de seguro, ¡y me dio las llaves! Poco a poco empecé a conseguir trabajo e ingresos para cubrir mis necesidades. Mi salud mejoró y mi cuerpo se curó por completo.

Finalmente, me aceptaron en un programa de capellanía en un hospital local donde podía visitar a los enfermos con regularidad. Ahora tenía un ministerio. Incluso ahora es difícil describir la gran satisfacción que se siente al orar por los enfermos y ver el toque de Dios en sus vidas. Sabía que no moriría. Sabía que viviría y declararía las obras del Señor.

SEGUNDA PARTE

Varios meses después de comenzar el programa, alguien me refirió a un hombre en la Sala de Intensivos. (Esta fue mi segunda visita allá. Sabía que era un lugar serio, y me sentí un poco nervioso al entrar por lo críticos que estaban algunos de los pacientes. Me explico:

Un paciente que conocía de la Sala de Rehabilitación empeoró y fue trasladado al Intensivo. Así que lo visité allí. Encontré el Intensivo y descubrí que las dos puertas de seguridad estaban cerradas. A diferencia de otras unidades, ésta requería permiso para entrar. Mi sorpresa fue aún mayor cuando pasé mi tarjeta de identificación por el sensor y las puertas se abrieron automáticamente.

Me dirigí a la enfermería para pedir permiso para visitar a la paciente de la habitación 906. Cuando me acerqué, la enfermera ya estaba allí. Cuando me acerqué, la enfermera estaba al teléfono. Me acerqué a ella y lo que oí casi me hizo salir corriendo de nuevo por las dos puertas. La oí decir,

¿pueden enviar a alguien para llevar un cuerpo a la morgue? Tenemos un paciente que ha expirado en la habitación 90 . . .

La fracción de segundo antes de oír el número final me pareció el momento más largo de mi vida. Ella dijo, ¿puede enviar a alguien para llevar un cuerpo a la morgue? Tenemos un paciente que ha fallecido en la habitación 907. Por fin volví a respirar cuando me di cuenta de que el paciente fallecido estaba en la habitación contigua a la que yo iba a visitar. Visité al paciente en la 906, y fue bien.

Sin embargo, lo que aprendí fue muy real y demasiado cercano. El Intensivo es un lugar de vida o muerte. Poco después volví allá. ¿Te imaginas cómo me sentí al volver a visitarlo? Ese miércoles por la noche, entré en la habitación del paciente y lo vi tumbado en la cama SIN RESPONDER, con la cabeza sobre la almohada y los ojos cerrados: en coma.

Estaba conectado un respirador, un tubo en la garganta y una máquina de diálisis que le mantenían con vida. No sabía por qué estaba allí. Hablé durante unos minutos, suponiendo que me oía, aunque no respondió. Finalmente le dije: Hermano, si puedes oírme, mueve la mano. Para mi sorpresa, vi que su mano se movía ligeramente por debajo de la sábana. Le dije a Dios,

Bien, esto es suficiente para trabajar.

Inmediatamente el Espíritu del Señor me dijo lo que tenía que decirle. ¿Lo adivinas? Puse mi cara junto a su oreja y le grité al oído,

¡Hermano, no morirás, vivirás y anunciarás las obras del Señor!

Volví a gritar: Hermano, no morirás, vivirás y anunciarás las obras del Señor. Después de varios minutos, terminé mi oración y me marché. No había ocurrido nada visible y seguía sin responder. Cuatro días después, un domingo por la tarde, volví. Cuando entré y miré dentro de la habitación, me quedé helado. No podía moverme. Lo que vi me hizo detenerme. En medio del pasillo, Dios hizo que me congelara. Juan escribió en Apocalipsis 1: 10 -

Yo estaba en el Espíritu en el día del Señor.

Esto es exactamente lo que me paso. Instantáneamente, yo estaba en OTRA DIMENSIÓN. Es por eso que me congelé. Cuando miré en la habitación, y vi la respuesta de Dios a mi oración, entré en el Espíritu. Se convirtió en un lugar diferente. Durante varios minutos estuve en medio de un ajetreado pasillo del Intensivo, teniendo un momento íntimo con Dios, pero ni una sola persona apareció, ni me molestó. Dios entró y me visitó.

Cerré los ojos y empecé a llorar desconsoladamente durante varios minutos. Cuando por fin los volví a abrir, contemplé al mismo hombre. Estaba sentado en la cama. Le habían quitado todo el soporte vital de la cara y tenía los ojos abiertos. Estaba cenando y viendo la televisión. Me miró inseguro, sin saber quién era yo. Empecé a decir: ¡Aleluya, aleluya, aleluya! ¡Gracias, Jesús! Mientras lo decía, oí que me contestaba. Los tubos le habían dañado las cuerdas vocales, pero le oí responderme con voz grave: ¡Gracias, Jesús! ¡Alabado sea el Señor! Después de alabar juntos al Señor durante uno o dos minutos, entré en la habitación y me presenté. Durante varias semanas, le visité con regularidad. Tenía 53 años y había pasado la mayor parte de su vida bebiendo alcohol. Antes de nuestro encuentro, había sufrido fallos renales masivos. En una semana y media, en cinco ocasiones diferentes, sus riñones habían dejado de funcionar. Fue un milagro que no sufriera muerte cerebral.

Vi grandes mejoras cada vez que volvía. Empezó a hablar mejor, su mente estaba absolutamente despejada y caminaba mejor cada semana. Hacia el final de su estancia, cuando iba a su habitación, a menudo no estaba. Volvía enseguida, siempre emocionado por verme. Había estado visitando a otros pacientes y contándoles lo que el

Señor había hecho por él.

Varias semanas después de que le dieran el alta, fuimos juntos a la Iglesia. Estaba muy orgulloso de contarme lo mucho que había mejorado su vida, ¡y que estaba completamente libre del alcohol! Mientras ambos compartíamos el testimonio en la Iglesia, todos nos dimos cuenta de que la fiel promesa de Dios se había cumplido en su vida.

No moriré, sino que viviré y contaré las obras del Señor.

PARTE 3

Después de un tiempo en el hospital, El Señor me dirigió a empezar a trabajar en un Centro Cristiano de Rehabilitación de Drogas y Alcohol por unas horas a la semana. Después de aconsejar a uno de los residentes por varios meses, el director me invito a ir a su Servicio de Capilla de los Viernes, y Predicar. Antes de este viernes, pasé la mayor parte de la semana anterior ayunando y orando. Me sentí muy cerca del Espíritu de Dios cuando compartí el mensaje. Grabé el mensaje, y me di cuenta de algo muy interesante cuando lo escuché más tarde. En un momento dado, me detuve y anuncié a la audiencia - Tengo una palabra de Dios para alguien, has estado preguntando si vas a salir de esta - si alguna vez podrás recomponer tu vida - incluso has pensado en ponerle fin. Hoy te declaro la Palabra de Dios - no morirás, vivirás y anunciarás las obras del Señor".

Pasaron varios meses. Produje este CD, e incluso lo compartí con algunos de mis amigos. A menudo me preguntaba por la persona que debía escuchar esta palabra del Señor. Un día, fui a visitar el Centro de nuevo. Después de ver a algunos miembros del personal, bajé a visitar a algunos residentes que hacían ejercicio en el sótano. Después de un rato, me despedí y empecé a marcharme. Al subir las escaleras, oí una voz suave, tan suave que pensé que me la estaba imaginando, pero me hizo detenerme.

No moriré, sino que viviré y anunciaré las obras del Señor.

Me detuve. Al ver a un hombre sentado cerca, le pregunté qué había dicho.

No moriré, sino que viviré y contaré las obras del Señor", respondió.

Le pregunté de dónde lo había sacado, y me dijo: tú oraste por mí! Me emocioné mucho al oírlo. Meses después se acordó de la palabra, y había obrado en su vida!

No moriré, sino que viviré y anunciaré las obras del Señor!

Sé que en el Cielo, el Rey David se regocija cada vez que escucha su Salmo y celebra otra victoria sobre la muerte. ¡Ha funcionado en mi vida, y Gloria a Dios, en las vidas de muchos otros!

ORACIONES MILAGROSAS ¡EN ACCIÓN!

No moriré, sino que viviré y contaré las obras del Señor. (Salmo 118:17)

En este versículo, hay tres pasos progresivos -

1.Confrontar las fuerzas de la muerte

2. Recibir la nueva vida del Espíritu del Señor.

3.Ir a trabajar para Dios

Cuando Dios hace un milagro por nosotros, es para Su Gloria, y Él quiere que se lo digamos a otros.

ORA ESTA ORACIÓN MILAGROSA:

Señor Jesús, destruyo todo espíritu de muerte que me perturba. Te ordeno diablo - déjame ahora para siempre. Espíritu Santo, te pido que vengas y soples nueva vida sobre mí. Que el Poder de la Resurrección del Señor Jesucristo me llene ahora. Lo que el enemigo planeo para mal ahora ha sido cambiado para bien; mi vida se convertirá en un testimonio de las maravillosas obras del Señor. ¡Les diré a otros lo que Él ha hecho por mí! Declaro audazmente,

No moriré, sino que viviré y declararé las obras del Señor.

En el Nombre de Jesús

Niños jugando en la calle

Después de trabajar en el hospital durante un tiempo, conocí a muchos pacientes ancianos. Tras varias experiencias con pacientes antes, durante o después de su muerte, empecé a plantearme qué ocurre después de la vida en la tierra. Esto me obligó a acercarme más a Dios. Lo que vi me convenció de que realmente existe un Cielo y un infierno.

¿Por qué digo esto? Un paciente estaría en continuo tormento mientras el final de su vida se acerca. Otro estaba en perfecta paz. Poco después, fallecían. Me di cuenta de que es un gran privilegio ver cómo es el final del camino. Empecé a profundizar en Dios y en la Biblia para aprender sobre el Cielo y el infierno.

Encontré dos escrituras sobre el Cielo que me fascinaron:

Mas vosotros habéis venido al monte de Sion, a la ciudad del Dios vivo, Jerusalén la celestial, y a la compañía innumerable de los ángeles (Hebreos 12: 22).

Así dice el Señor: Volveré a Sion y habitaré en medio de Jerusalén, y Jerusalén será llamada Ciudad [fiel] de la Verdad, y el monte del Señor de los ejércitos, la Montaña Santa. Así dice el Señor de los ejércitos: Los ancianos y las ancianas volverán a habitar en Jerusalén y se sentarán en las calles, cada uno con su bastón en la mano por muy [avanzada] edad. Y las calles de la ciudad estarán llenas de niños y niñas que jugarán en sus calles (Zacarías 8:3-5).

Mientras estudiaba, me fascinó descubrir algo sobre la familia en la Biblia: la relación de los ancianos y los niños. Es evidente que los ancianos desempeñan un papel muy importante en la vida de los niños. Están juntos, sentados en las calles, vigilando a los niños mientras juegan.

Los ancianos y las ancianas volverán a habitar en Jerusalén y se sentarán en las calles, cada uno con su bastón en la mano por su edad [avanzada]. Y las calles de la ciudad estarán llenas de niños y niñas jugando en sus calles.

Lo que vi en el hospital era completamente diferente de lo que dice la Biblia. La mayoría de los ancianos estaban solos, a menudo con poco o ningún contacto familiar. Percibí algo de esto: los ancianos ocupan un lugar de honor en la familia. Especialmente hacia el final de la vida no es el designio de Dios que estén lejos unos de otros. Así está escrito -

Con larga vida lo saciaré, y le mostraré mi salvación. (Salmo 91;16)

La imagen bíblica de los ancianos en un lugar de

honor, cuidando de los niños que juegan en la calle se me quedó grabada, y me hizo comprender lo importante que es la familia para Dios, y en el Cielo. Mientras trabajaba en el hospital, también fui taxista. Un día fui a recoger a una anciana estadounidense y a su cuidadora, que era filipina.

Llegué a conocerlas y las llevaba al médico casi todas las semanas. La mujer padecía Alzheimer y tenía muchos problemas mentales. La cuidadora era una mujer encantadora y mostraba tanta ternura que la admiraba de verdad. Aunque era triste, me disfrute a ver a los dos. Un día fui y la cuidadora salió sola. Estaba muy triste y me contó por qué.

Estoy preocupada por ella, se pasa el día sentada mirando el árbol que hay junto a la ventana. Está muy contenta, pero repite una y otra vez: "¡Oh, están jugando! ¡Los niños están jugando!

Antes de pensarlo, dije algo. Lo que dije salió de un lugar de mí que ni siquiera conocía, porque salió muy rápido. La respuesta no vino de mi mente - vino del Espíritu dentro de mí. Dije,

No se preocupe, se está preparando para morir e ir al Cielo.

La señora me miró con cara de perplejidad. Hablábamos de la Escritura e inmediatamente le invadió una gran paz. Antes de despedirnos, recé por las dos y pedí a Dios que se apiadara de la mujer y le diera la vida. Una semana después, me enviaron a buscarlas, y de nuevo ella salió sola. Se echó a llorar cuando me vio. Su querida patrona había fallecido, y ese día era el funeral.

También me explicó que estaba regresando a su casa en Filipinas. Había cuidado de esta mujer durante quince años, su único trabajo en Estados Unidos. Ahora que había fallecido, era hora de volver a casa. Fue un gran honor compartir este momento tan especial en la vida de estas dos mujeres.

Ciertamente, nuestros encuentros fueron ordenados por Dios. No discutí nada de esto con el despachador, sin embargo, de los 5 conductores habituales disponibles, yo era el que siempre era enviado. Tuvimos una emotiva oración en la estación de tren, y me despedí de una mujer que regresaba a su casa en Filipinas. Me despedí de la otra mientras se dirigía a su casa en el Cielo. ¡ALELUYA!

ORACIONES MILAGROSAS . ¡EN ACCIÓN!

Mas ustedes han venido al monte de Sion, a la ciudad del Dios vivo, Jerusalén la celestial, y a la compañía innumerable de los ángeles (Hebreos 12:22)

Así dice el Señor de los ejércitos: Los ancianos y las ancianas volverán a habitar en Jerusalén y se sentarán en las calles, cada uno con su bastón en la mano por su avanzada edad. Y las calles de la ciudad estarán llenas de niños y niñas que jugarán en sus calles. (Zacarías 8:3-5)

Pocas personas tienen hoy en día una situación familiar ideal, un fuerte sistema de apoyo entre las dos, tres o incluso cuatro generaciones de su familia que viven juntas. Si tú eres una de esas personas, estoy seguro de que estás muy agradecido a Dios.

Sea cual sea nuestra situación familiar, la Gracia de Dios está disponible desde el Cielo para ayudarnos.

ORA ESTA ORACIÓN MILAGROSA -

Señor Jesús -

Vengo ahora a la Jerusalén Celestial, trayendo a mi familia ante a ti. Perdona mis pecados. Ahora recibo Tu Gracia para ayudar a reparar y sanar cada situación rota en mi familia. Te pido la vida eterna. Que el Cielo me bendiga hoy. Te entrego mi vida y mi familia para siempre.

En el Nombre de Jesús te pido

Pasemos al otro lado

Cuando conocí a James en el hospital, estaba muy angustiado y preocupado por su esposa. Se estaba recuperando de una lesión en el hombro, estaba sola y sus hijos no la ayudaban como deberían. El trabajo físico habitual de cocinar, limpiar e incluso bañarse no era posible con el hombro débil, y él temía que ella pudiera hacerse daño intentando hacer algunas de estas cosas sola.

Le pregunté por qué estaba en el hospital, porque no hablaba de sí mismo. Para mi sorpresa, su pierna se había hinchado hasta casi 1 ½ veces lo normal, debido a la diabetes. Había infección en varios dedos del pie, que los médicos estaban investigando. Habían hablado de una posible intervención quirúrgica para abrirle la pierna. Esto conllevaría un alto riesgo de infección en el futuro y un proceso de curación muy lento debido a la mala circulación sanguínea y a la diabetes.

Después de escuchar atentamente y hablar, comentamos un pasaje en el que Jesús calma el mar.

Y aquel mismo día, llegada la tarde, les dijo: Pasemos al otro lado. Y despidiendo a la multitud, le tomaron tal como estaba en la barca. Y había también con Él otras pequeñas barcas. Y se levantó una gran tempestad de viento, y las olas golpeaban la barca, de modo que ya estaba llena. Él estaba en la parte de atrás de la barca, durmiendo sobre una almohada; pero le despertaron y le dijeron: Maestro, ¿no te importa que perezcamos? Él se levantó, reprendió al viento y dijo al mar: Paz, silencio. Y cesó el viento, y reinó una gran calma, y dijo a la mar Paz, estad quietos. Y cesó el viento, y reinó una gran calma, y les dijo: ¿Por qué tienen tanto miedo? ¿Cómo es que no tienen fe? Y ellos temieron en gran manera, y se decían unos a otros: ¿Qué hombre es éste, que aun el viento y el mar le obedecen? (Marcos 4:35-41)

Empecé a orar, e introduje esto en la oración. Le pedí a Dios que calmara toda tormenta y llevara a James y a su familia al otro lado de la paz y la quietud. Hice una declaración audaz y dije

Pasemos al otro lado. . .

Le pedí a Dios que sanara su pierna, que la devolviera a la normalidad y que no hubiera complicaciones ni efectos secundarios en los tratamientos médicos. Pedimos que la mente de su esposa se tranquilizara, y que la familia se uniera para ayudar con las tareas domésticas para que ella pudiera recuperarse. James me dio las gracias y sentí una gran calma. Dos días después, cuando le visité, repitió mi mensaje.

¡Pasemos al otro lado!

Estaba completamente cambiado, sin signos de ansiedad. Supe que había llegado al otro lado de la Paz. Felizmente, me enseñó su pierna. A la mañana siguiente de nuestra oración, se levantó de la cama y caminó con facilidad por primera vez en varios días. La pierna hinchada, que apenas podía doblarse, estaba casi completamente normal, ¡y ahora podía doblarse casi por completo!

Una semana más tarde, le hicieron una pequeña intervención. Se alegró de enseñarme la pierna, que estaba completamente normal. El procedimiento en dos pasos fue el siguiente: al inyectarle líquido en la pierna, descubrieron dos venas que estaban obstruidas detrás de la rodilla. En el segundo paso, se eliminó la obstrucción sin necesidad de abrirle la pierna.

James estaba muy contento de no haber tenido que operarse y se estaba recuperando muy bien. También estaba contento de que todo fuera bien en casa. Los niños trabajaban juntos y cuidaban bien de mamá. Como un equipo, con Dios, los doctores, las enfermeras, el personal del hospital, y su familia ahora unida, estaba feliz de ver. . .

¡James y su familia han pasado al otro lado!

Gracias a Dios por llevarlo al otro lado de la tormenta. Mamá ya está en paz, y la familia se ha unido para cuidarla, y la pierna de James ha vuelto a la normalidad, sin efectos secundarios ni complicaciones.

ORACIONES MILAGROSAS. ¡EN ACCIÓN!

Y levantándose, reprendió al viento, y dijo al mar: Calla, enmudece. Y cesó el viento, y se hizo una gran calma, y les dijo: ¿Por qué tenéis tanto miedo? ¿Cómo es que no tenéis fe?

Y ellos temieron en gran manera, y se decían unos a otros: ¿Qué hombre es éste, que aun el viento y el mar le obedecen? (Marcos 4: 35-41)

Cómo se maravillaban de la autoridad de Jesús para ordenar al viento y al mar que le obedecieran. Josué ordenó al Sol y a la Luna que se detuvieran para que el ejército de Israel pudiera vengarse de sus enemigos. Tanto Jesús como Josué sabían la autoridad que tenían.

ORA ESTA ORACIÓN MILAGROSA:

Señor Jesús:

Declaro que pasaré al otro lado de mi destino. Sol, luna, tierra, agua, cielo, viento y bosque deben trabajar ahora a mi favor. Ahora ordeno a cada tormenta de mi vida que se calle y cese ahora. Estaré quieto y sabré que tú eres Dios, el Creador de los Cielos y la Tierra. Por tu poderoso Poder alcanzaré mi destino.

En el Nombre de Jesús

Te Quitaré la enfermedad de en medio

Una noche visité a un anciano que estaba recuperando de una operación de prótesis de cadera. Estaba bien de ánimo y se sentía muy bien, salvo por un fuerte estreñimiento. La zona de la cadera estaba muy sensible y no había podido hacer sus necesidades. Aún no caminaba y, sin ejercicio, su digestión parecía haberse detenido.

Comía bien desde la operación, pero no podía hacer sus necesidades y eso le causaba mucho dolor. Su vientre parecía bastante hinchado. Cuando hablemos de Dios vi que devoto que era, y percibí que realmente amaba al Señor. Mientras nos preparábamos para orar, recordé una experiencia de años atrás y le dije. . .

Poco después de convertirme al cristianismo, me tuvieron que extirpar el apéndice. Toda mi sección media estaba muy dolorida y sensible. Durante la recuperación, tenía unos gases terribles y no conseguía aliviarme. Cuando me dieron de alta del hospital, el estómago estaba muy hinchado, y me dijeron que necesitaba expulsar gases para aliviarme. El ejercicio ayudaría mucho, así que empecé a caminar más cada día a medida que iba cogiendo fuerzas.

Me quedé con mis padres unos días, hasta que pude cuidarme solo. La primera noche que llegué a casa estábamos todos en el salón. Estaban viendo la televisión y yo me tumbé en el sofá para relajarme. Mientras estaba tumbada, empecé a orar en silencio y a meditar. Todavía tenía el estómago hinchado y estaba muy incómodo.

Mientras oraba, empecé a concentrarme en los músculos del estómago y a moverlos, empezando por arriba y bajando gradualmente hasta la zona intestinal. De repente, los gases acumulados durante dos días desaparecieron y se oyó un fuerte sonido: "PFFFFFFFFFFFTTTT". Grité ¡Aleluya! Inmediatamente sentí un alivio maravilloso. Todos nos echamos a reír y mis padres empezaron a aplaudir con entusiasmo.

Poco después de este gran alivio, estaba leyendo la Biblia.

Servirás al Señor, tu Dios: Él bendecirá tu pan y tu agua, y quitaré la enfermedad de en medio de ti (Éxodo 23:25)

Mientras pensaba en esto, ¡me di cuenta de que era exactamente lo que me había pasado! Hay una bendición del Señor sobre todo lo que entra en nuestro cuerpo. Gracias a esa bendición, la enfermedad desaparece y nuestro sistema digestivo recupera la salud. Aún más especial fue esta parte.

Quitaré la enfermedad de en medio de ti

En un ruidoso pasaje de gas, esta promesa se convirtió en una revelación para mí. ¡Aquel día sí que me quitó la enfermedad de en medio! ¿Amén? A medida que lo comprendía mejor, empecé a convertirlo en una oración habitual antes de comer,

El Señor bendecirá mi comida y mi agua, y quitará la enfermedad de en medio de mí.

Ahora estoy seguro de que sabes lo que oramos aquella noche:

Servirás al Señor tu Dios: El bendecirá tu comida y tu agua, y quitaré la enfermedad de en medio de ti

La presencia de Dios se hizo sentir de verdad, y al hombre se le saltaron las lágrimas. Al final, ambos estábamos riendo histéricamente. Parecía que Dios nos había tocado en una manera especial. Me despedí y salí de la habitación. Justo afuera estaba una amiga mía que era la enfermera de este paciente. Estaba trabajando con su computadora. Me paré a hablar con ella. Como la puerta estaba abierta, estaba seguro de que había oído la oración y, por su sonrisa, supe que también la había conmovido.

En menos de un minuto, oímos sonar una alarma en la habitación. Ella entró corriendo. Otra enfermera vino corriendo por el pasillo, para ayudarla. En su prisa, chocó con el escritorio, tirando los papeles por el suelo, y entró en el cuarto, cerrando la puerta. Yo esperé fuera, sin saber qué pasaba. Sin embargo, como la presencia de Dios era tan hermosa, empecé a darle gracias por visitarnos. Estaba muy seguro de que todo iba bien. Esperé a que salieran para descubrir qué había pasado.

Al cabo de unos minutos, mi amiga salió y me lo contó. Había una alarma conectada al paciente porque se le consideraba de alto riesgo. Corría el riesgo de lesionarse la cadera si se caía de la cama o si salía sin ayuda. El hombre quedó MUY SORPRENDIDO cuando, de repente, tuvo una gran evacuación intestinal. Desesperado, había intentado ir al baño, y hizo saltar la alarma.

Me alegre saber que le habían limpiado y que todo estaba bien. Sobre todo, nuestra oración de alivio había recibido una respuesta inmediata. Esto me convenció de que, sin duda, El Señor es capaz de. . .

¡Bendecir nuestra comida y agua, y quitar la enfermedad de en medio de nosotros!

ORACIONES MILAGROSAS... ¡EN ACCIÓN!

Servirás al Señor tu Dios: Él bendecirá tu pan y tu agua, y yo quitaré la enfermedad de en medio de ti (Éxodo 23:25)

Esta es una fórmula sencilla: Dios no exige tanto de nosotros, sólo unas cuantas cosas sencillas.

Cuando Dios hizo un milagro y envió maná del Cielo, los israelitas se quejaron y desearon los alimentos que comían en Egipto. En Números 11, vemos que Dios los destruyó. Debemos aprender a estar agradecidos por lo que Él nos ha dado de comer. Servimos al Señor tomando unos momentos para agradecerle y bendecir nuestra comida antes de comer.

Ver es creer

En el hospital había un joven de 22 años. Lo conocí en la sala de rehabilitación. Ron estuvo seis semanas en el Intensivo hasta que por fin mejoró lo suficiente como para ser trasladado a rehabilitación. Fue increíble escuchar su historia. Consumía muchas drogas y alcohol. Por desgracia, tuvo un grave accidente de coche mientras bebía y chocó de frente contra un árbol. Aunque llevaba puesto el cinturón de seguridad, se golpeó la cabeza contra el volante y sufrió graves lesiones cerebrales. Estuvo en coma seis semanas.

Muchos médicos no esperaban que saliera del coma. Sin embargo, gracias a Dios, lo hizo. Poco después se trasladó a rehabilitación, donde nos conocimos. Ron creció en la Iglesia y conocía las cosas de Dios, pero había caído en las drogas y el alcohol. Por eso, cuando salió del coma y se dio cuenta de que Dios le había salvado, se sintió muy agradecido. Tenía una visión renovada de la vida y una gran fe en Dios. Era emocionante oírle hablar de cómo Dios le había rescatado de una muerte inminente.

A causa del accidente, sufrió daños cerebrales parciales. Como consecuencia, caminaba con dificultad y tenía la vista nublada. Podía ver las cosas de cerca, pero el fondo siempre estaba nublado. Además, se había vuelto bizco. Cuando establecía contacto visual con él, un ojo me miraba directamente, pero el otro miraba en otra dirección.

Como llevaba varios meses en rehabilitación, nos veíamos a menudo. Tenía muchas ganas de verme y de hablar de Dios y de la Biblia. Nuestras oraciones le ayudaron a superar muchas dificultades. Una noche, tuvimos una oración prolongada, y la presencia de Dios llegó de una manera hermosa. Antes de la oración, recuerdo que pensaba en lo difícil que era mirar a los dos ojos que iban en direcciones diferentes.

Después de la oración, las lágrimas corrían por nuestros rostros. Cuando abrió los ojos, tenía una mirada de desconcierto. Cuando me miró, ¡me quedé asombrado! Ambos ojos me miraban directamente. ¡Su ojo errático se había corregido! Ron, todavía un poco desconcertado, me dijo, No puedo creerlo, pero parece que veo mejor. La nubosidad ha desaparecido. Veo con claridad.

Le dije que ahora sus dos ojos estaban alineado perfectamente. Habíamos asistido a un milagro. Los dos estábamos asombrados de lo que había ocurrido. Para los dos fue una gran sorpresa. Fue un momento muy especial e inusual. Los dos estábamos un poco inseguros al darnos cuenta de que Dios había entrado en la habitación con nosotros.

El Salmo 126:1 describe bien esa sensación

Cuando el Señor volvió la cautividad de Sion, fui-

mos como los que soñaban.

Después de haber estado cautivos durante mucho tiempo, cuando la libertad llegó a Sion, les pareció irreal, como un sueño. Así es como nos sentimos. Nos reímos de su reacción, ¡no lo puedo creer! Comprendí su reacción, porque ya me había pasado antes. Cuando llega la respuesta a nuestra oración, a menudo decimos: ¡No lo puedo creer! ¡Qué maravilla cuando nuestro yo incrédulo recibe un milagro! Recordé lo que dijo Jesús cuando se apareció a Tomás y a los discípulos después de su resurrección *Porque me has visto, has creído; bienaventurados los que no han visto y han creído.* (Juan 20:29)

Nosotros estábamos muy sorprendidos de encontrar la restauración de su vista, pero de una cosa estoy seguro: ¡ahora creemos!

ORACIONES MILAGROSAS ...¡EN ACCIÓN!

Porque me has visto, has creído; bienaventurados los que no vieron y creyeron. (Juan 20:29)

Conozco a un ministro famoso. Cuando escucho su historia, con frecuencia le oigo decir que, desde el principio, cada vez que oraba, ¡me veía hablando a miles de personas! Ahora viaja por el mundo predicando el Evangelio, y ha visitado cientos de países trabajando por el Reino. Pero desde sus humildes comienzos en África, no siempre fue así.

¿Cuál es el deseo de tu corazón? ¿Qué anhelas lograr en tu vida? ¿Puedes verlo? Cuando cierras los ojos,

¿puedes saborear, sentir, oír, oler e incluso tocar cómo será cuando llegue?

ORA ESTA ORACIÓN MILAGROSA:

Señor, perdóname la incredulidad. Ahora ordeno que todo espíritu de incredulidad salga de mi vida. He cambiado. Señor Jesús, yo creo que resucitaste de entre los muertos y que vives para siempre. Por el mismo poder que te levantó de entre los muertos, hago realidad mi milagro. Lo veo realizarse. Lo oigo. Puedo olerlo, y saborearlo. Todo es posible para el que cree - ¡ese soy yo!

En el nombre de Jesús

Él dará a sus ángeles un cargo especial sobre ti

Podrán caer mil a tu lado y diez mil a tu derecha, pero no se acercarán a ti . . .

Porque Él dará a Sus ángeles un cargo especial sobre ti . (Salmo 91:7)

Todas las mañanas, cuando subo al coche, oro una oración. Son tres versículos que siempre me mantienen a salvo y aseguran mi prosperidad diaria. Son los siguientes:

El Señor te guardará de todo mal. El Señor guardará tu alma. El Señor guardará mi salida y mi entrada desde ahora y para siempre. (Salmo 121:7,8)

*La gloria del Señor será mi retaguardia. (*Isaías 58: 8)

Mi Dios suplirá todo lo que me falta conforme a sus riquezas en gloria en Cristo Jesús. (Filipenses 4:19)

Mientras conduzco, oro esta oración para el día que me espera. Medito en ella a medida que avanzo, y cubro lo que he planeado para el día. De vez en cuando, cuando subo al coche, oigo dentro de mí: ¡lee el Salmo 91! Suelo oírlo cuando llego tarde o salgo con prisa. Reconozco esta voz ahora, y la obedezco, porque es el Señor diciéndome que hay peligro adelante, y Él necesita unos minutos, para protegerme. Además, mi corazón necesita estar tranquilo antes de salir y afrontar el día que tengo por delante. Obedezco, saco mi Biblia y leo el Salmo 91 lentamente y con convicción.

Este Salmo es una gran promesa de la protección de Dios. Después de leerlo, siempre estoy concentrado y en paz. A menudo hay peligro en el camino. Sin embargo, sin falta, Dios me protege y siempre me lleva a casa sano y salvo.

Podrán caer mil a tu lado y diez mil a tu derecha, pero no se acercarán a ti. Sólo con tus ojos contemplarás y verás la recompensa de los impíos. V 7,8

Por haber conducido un taxi durante varios años, he visto muchos accidentes, y a menudo siento el impulso de desviarme y seguir una ruta diferente, sólo para descubrir que hubo algún tipo de accidente en el lugar que evité. Al principio, ver accidentes me asustaba, pero cuando comprendí el significado del versículo anterior, me di cuenta de lo real que es la protección de Dios en mi vida. Los accidentes sufridos por otros, pero de los que yo escapé, son una prueba de que Dios está conmigo cuando salgo cada día a hacer Su voluntad.

Porque a sus ángeles encargará especialmente de ti...

Ahora, cuando siento que me llevan por un camino que parece más largo o más inconveniente, dejo de resistirme con mi mente lógica. Me doy cuenta de que los ángeles de Dios están protegiendo mis viajes. Éxodo 23: 20 refuerza esto:

He aquí, yo envío un ángel delante de ti, para que te guarde en el camino y te introduzca en el lugar que yo he preparado.

Hubo un tiempo en que dejé el hospital donde trabajaba. Me despedí de todos mis amigos, porque pensaba inscribirme en un programa en otro hospital. El caso es que volví al hospital seis meses después. Sin embargo, siempre recordaré la primera noche que volví: era una noche muy fría de enero.

La noche anterior, conduje hasta el aparcamiento, que está en una colina desde la que se ve el hospital. Me pasé dos o tres horas en el coche orando por mi futuro trabajo allí; así de especial era esto para mí, ¡decidí consagrarlo con un largo tiempo de oración! Así que, cuando volví, ¡estaba muy contento y lleno de la presencia de Dios! Por supuesto, como me había despedido de todos y no esperaba volver, todos estaban muy sorprendidos de verme de nuevo. Fue una noche llena de felicidad y muchos abrazos, que disfruté mucho. Cuando estoy trabajando en el hospital, suelo estar lleno del Espíritu Santo. Pierdo la noción del tiempo y me lleno de energía. Sin embargo, cuando llega el momento de parar, vuelvo a la tierra. A menudo es tarde, y de repente me doy cuenta de lo cansado que estoy. Esta primera noche fue así. Debido a la oración de la noche anterior, al alto nivel de emociones y a la alegría de volver a un lugar que amo, sobrepasé mi límite de resistencia física. Cuando decidí volver a casa, ¡toda la emoción y el entusiasmo me pasaron factura! Conduje hasta casa y, aunque oraba, cantaba y adoraba a Dios, ¡estaba realmente cansado!

Por eso, no estaba tan atento como debería. Cuando me acercaba a mi casa, había una placa de hielo en la carretera que no vi. Inmediatamente, el coche empezó a deslizarse lateralmente por el otro carril, yendo a parar directamente a una zanja. Al darme cuenta, no tuve tiempo de reaccionar moviendo el volante, pero lo que salió inmediatamente de mi boca fue un grito de auxilio: ¡JESÚS!

Mientras el coche se deslizaba lateralmente sobre el hielo hacia la zanja, ¡inmediatamente sentí que cambiaba de dirección! ¡El coche inmediatamente empezó a ir recto! ¡El coche literalmente cambió de dirección unos 45 grados! Otras veces, he estado en un coche cuando se deslizaba sobre el hielo. De repente, el hielo se acaba, y cuando las gomas, que van de lado, tocan el pavimento, siempre hay una sacudida, porque las gomas están diseñadas para ir hacia atrás o hacia delante, pero no de lado. El gran peso del coche, que soportan las gomas, provoca un impacto repentino que a veces incluso hace que el coche vuelque, o un impacto brusco antes de que el impulso lateral del coche se detenga y empiece a rodar de nuevo hacia delante.

Esta noche no hubo ninguna sacudida ni impacto

cuando el coche cambió repentinamente de dirección. ¿Qué ocurrió?

Sus ángeles te guardarán en todos tus caminos. Te sostendrán en sus manos... (Salmo 91:11-12)

Con el grito del nombre de Jesús, Su Ángel fue enviado, y suavemente redirigió el coche lejos de la zanja, ¡para traerme a casa! Gracias a Dios no venían coches de la otra dirección, porque yo estaba en el otro carril.

Cuando el coche reanudó su camino recto en la carretera, reduje la velocidad y giré hacia la entrada de mi casa. El cansancio que sentía fue rápidamente sustituido por la sorpresa y la conmoción. Necesitaba entrar para arrodillarme y orar, porque el corazón me latía muy deprisa por lo que acababa de ocurrir. Aparqué el coche, cogí mis cosas y me dirigí hacia la casa. Al salir del coche, oí en mi interior,

Podrán caer mil a tu lado y diez mil a tu derecha, pero no se acercarán a ti . . .

No entendía por qué oía esto ahora. Entré, dejé mis cosas, cogí la Biblia y me arrodillé a orar. La habitación estaba a oscuras, como me gusta por la noche. Cuando empecé, me fijé en las luces de un coche que entraban por la ventana. Me asomé y vi que en la misma zona donde me había deslizado sobre el hielo había dos coches que se habían salido de la carretera y habían caído a la cuneta. Volví a mirar y me di cuenta de que había otros coches parados que se bajaban para ayudar a los conductores accidentados. Sabiendo que alguien estaba ayudando, volví a mis oraciones. Poco después oí sirenas y vehículos de emergencia que venían a ayudarlos.

El Ángel de Dios había venido y me había librado de la calamidad. Cuando empecé a orar más, mi corazón volvió a la normalidad, y di gracias a Dios por salvarme, y por todo lo que había hecho en estos dos días especiales. Después, me acosté y disfruté de un maravilloso descanso.

ORACIONES MILAGROSAS... ¡EN ACCIÓN!

He aquí, yo envío un ángel delante de ti, para que te guarde en el camino y te introduzca en el lugar que yo he preparado. (Éxodo 23:20)

Esta es una hermosa promesa de la protección de Dios. Mientras los israelitas se preparaban para entrar en la Tierra Prometida, su Ángel recibe tres responsabilidades. -

1.mantenerlos a salvo en su viaje

2. preparar el destino final

3. Llevarlos a su destino.

Yo sé - ya sea que este manejando, en el hospital, en la Iglesia, o simplemente en mis asuntos personales - como Dios nos lleva a nuestro destino diario El también pondrá a alguien ahí que necesite ayuda, y escuchar acerca de Dios. Este es nuestro ministerio. Si estamos en la voluntad de Dios, habrá alguien que necesite nuestra ayuda cada día.

ORA ESTA ORACIÓN MILAGROSA :

Señor Jesús Este es el día que has hecho - ¡Me regocijaré y me alegraré en él! Gracias por dar a tus ángeles un cargo especial sobre mí hoy, mientras salgo. Envíame a alguien, y le ayudaré en lo que Tú desees. Cubro este día con la sangre del Señor Jesucristo. Por lo tanto, ningún mal me sobrevendrá todos los días de mi vida. Habitaré en el lugar secreto del Altísimo, mientras salgo y entro.

En el nombre de Jesús

El Espíritu mismo intercede por nosotros

El Espíritu nos ayuda en nuestra debilidad. No sabemos por qué debemos orar, pero el Espíritu mismo intercede por nosotros mediante gemidos sin palabras. (Romanos 8:26 NVI)

Hubo un tiempo en que trabajé mucho con el dueño de una panadería. Lo visitaba dos o tres veces por semana. Allí trabajaba una señora que siempre me saludaba cuando entraba y era muy amable. Un día en particular, noté que se veía triste, así que le pregunté cómo se sentía. Llevaba varias semanas con un fuerte resfriado y se encontraba muy mal. Pude ver en su cara que le dolía y que estaba muy congestionada.

Me dejó orar por ella. La presencia de Dios era muy fuerte mientras orábamos, y ambos la sentimos. Al día siguiente, estaba en casa y tenía curiosidad por saber de ella, así que la llamé. Estaba muy contenta y me dio una gran noticia. Después de nuestra oración, se fue a casa y se miró en el espejo. Tenía algo blanco en la garganta. Como no podía alcanzarlo, hizo gárgaras con enjuague bucal. Para su sorpresa, al escupir el enjuague, salió una cosa blanca que ella describió como una pequeña bola de carne. En el momento en que la escupió, sus sentimientos cambiaron por completo: toda la congestión desapareció e inmediatamente se sintió bien de nuevo.

Después de esta curación, pasaron varios años. Cuando empecé a producir un DVD para mi ministerio, pensé en esta curación única. Me puse en contacto con ella y aceptó contar la historia de cómo Dios la había sanado a través de nuestra oración. Cuando se puso delante de la cámara y empezó a contar lo sucedido, se le llenaron los ojos de lágrimas.

La historia fue tan conmovedora que todos nos echamos a llorar. Cuando pedí que oraran por ella, no tenía ni idea de lo mucho que había sufrido antes de ese día. Se guardó para sí la verdadera historia, hasta que llegó el momento de grabarla en cámara. Tres años antes de nuestra oración, se le hincharon mucho la garganta y la cara. Tras consultar a los médicos, le informaron de que tenía un grave problema de tiroides, así como un gran bulto muy hinchado.

Le extirparon la glándula tiroides y la sometieron a radioterapia para reducir el bulto de la garganta. Tras la radiación, tuvo que vivir aislada en su casa durante varios meses. Le recetaron un medicamento muy caro para tratarla y, con suerte, mantener su salud. Sin embargo, al no tener seguro, el coste del medicamento era demasiado elevado para ella. Decidió dejar de tomar la medicación y puso su fe en Dios, creyendo que Él la curaría.

Milagrosamente, Dios la curó. Las funciones de su cuerpo que fueron dañadas por la radiación fueron sanadas, y funcionaron perfectamente, DURANTE VARIOS AÑOS. Desafortunadamente, en el mes Antes de encontrarnos en la panadería, los viejos síntomas habían vuelto. Los dolores de cabeza, la congestión y la hinchazón de garganta y cara habían vuelto con fuerza. Así que cuando la encontré en la panadería estaba realmente preocupada.

Hasta que no se puso delante de la cámara aquel día, no supe nada de esta triste historia. En la panadería, mi oración era sencilla: pedía a Dios que curara a una mujer que sufría un fuerte resfriado. Ambos descubrimos que Dios lo sabe todo, y de lo que falta en nuestras oraciones, Él se encarga.

El Espíritu nos ayuda en nuestra debilidad. No sabemos por qué debemos orar, pero el Espíritu mismo intercede por nosotros a través de gemidos sin palabras.

¡A menudo hay mucho oculto bajo la superficie! Por eso es importante saberlo: ¡no siempre sabemos cómo debemos orar! Pero el Espíritu mismo está presente para interceder, y llegar a zonas mucho más profundas de las que nosotros mismos somos conscientes - ¡Amén!

Cuando contó su historia completa, habían pasado dos años y su salud seguía siendo perfecta. Todos nos alegramos al saber que el Espíritu mismo había realizado su curación final aquel día en la panadería.

ORACIÓN MILAGROSA... ¡EN ACCIÓN!

El Espíritu nos ayuda en nuestra debilidad. No sabemos por qué debemos orar, pero el Espíritu mismo intercede por nosotros a través de gemidos sin palabras. Y el que escudriña nuestros corazones conoce la mente del Espíritu, porque el Espíritu intercede por el pueblo de Dios de acuerdo con la voluntad de Dios. (Romanos 8: 26, 27 NVI)

¿Empiezas a ver el potencial del Espíritu cuando oramos? ¿Cuáles son los asuntos más cercanos a tu corazón? El Espíritu escudriña nuestros corazones, y luego intercede por nosotros conforme a la voluntad de Dios.

Marcos 5:33 describe a una mujer que había sufrido terriblemente durante doce años.

Vino, se postró ante Él y le contó toda la verdad.

En el momento en que vino a Jesús, fue sanada y liberada de todo su sufrimiento.

ORA ESTA ORACIÓN MILAGROSA :

Señor Jesús

Hoy te abro mi corazón. Te entrego todo. En este momento, que el Poder del Espíritu Santo me toque en mis lugares más profundos. Te agradezco que Él siempre vive para interceder por mí. He sido sanado.

En el Nombre de Jesús.

Tú has convertido mi luto en danza.

. . tú has convertido mi luto en danza. (Salmo 30:11)

Dios es Dios, porque Él es capaz de cambiar completamente situaciones desesperadas. Recientemente prediqué en un Servicio que llamaron, Noche *del Espíritu Santo.*

El mensaje se titulaba Un nuevo día, y procedía de (Génesis 1:2-5)

Y la tierra estaba desordenada y vacía; las tinieblas estaban sobre la faz del abismo. Y el Espíritu de Dios se movía sobre la faz de las aguas. Y dijo Dios: Sea la luz, y fue la luz. Y vio Dios que la luz era buena; y separó Dios la luz de las tinieblas. Y llamó Dios a la luz Día, y a las tinieblas llamó Noche.

El mensaje era que, desde el principio de los tiempos, el Espíritu Santo ha sido el agente del cambio de las tinieblas a la luz. Al comienzo del servicio, pedí a toda la iglesia que se pusiera en pie, y todos repetimos esta oración:

Señor Jesús, hoy es un Nuevo Día - por el fuego del Espíritu Santo, ¡expulso todo poder de las tinieblas de mi vida!

Esta es una oración que sacude la tierra. El entusiasmo creció inmediatamente. El servicio fue hermoso - cerca de 3 horas y media, con intensa adoración, muchas oraciones, el mensaje y la invitación final para la oración personal, a la que todos los asistentes de casi 50 respondieron y se acercaron.

Dios visitó las oraciones finales de una manera extraordinaria. Una mujer llegó con un dolor de piernas tan fuerte que le costaba caminar. Estuvo a punto de quedarse en casa. Al final del servicio, vino a orar. Sin conocerla ni saber nada de ella, le pregunté cuál era su petición. Ella simplemente dijo - por un dolor en mi pecho. - Por alguna razón, ¡no dijo nada sobre sus piernas!

Después de orar, el Poder de Dios la hizo caer al suelo. Algunas de las señoras se arrodillaron y continuaron orando por ella. Yo sentí un extraño impulso de quitarle los zapatos, así que me arrodillé, se los quité, le agarré los dos pies y empecé a orar por ella. Mientras oraba, repetía y gritaba en voz alta.

¡FUEGO ARDIENTE, FUEGO ARDIENTE, FUEGO ARDIENTE EN TODO TU CUERPO!

Empezó a llorar y vi que todo su cuerpo empezaba a temblar. Después me contó lo que había pasado y que, tras la oración, ¡se había curado por completo! El domingo siguiente, compartió su testimonio y presento una hermosa danza al Señor. Toda la congregación estaba profundamente conmovida al escuchar lo que Dios había hecho por ella, y ver la hermosa presentación.

Tú has convertido mi luto en danza.

ORACIONES MILAGROSAS . ¡EN ACCIÓN!

Tú has convertido para mí mi llanto en danza (Salmo 30: 11).

El rey David escribió este salmo porque cuando Dios cambiaba las cosas, ¡se alegraba! Veamos otros dos:

Que Israel se regocije. Que alaben Su nombre en la danza. . (Salmo 149:2,3)

Y David danzó delante del Señor con todas sus fuerzas. (2 Samuel 6:14)

David tenía motivos para lamentarse. A diario sufría ataques, muertes, dolores y enfermedades, por no hablar de sus numerosas esposas, su numerosa familia y todo el reino de Israel. Uno puede imaginarse sus muchas cargas, que con frecuencia le hacían lamentarse.

Sin embargo, ¡sabía cómo DARLE LA VUELTA A TODO! A menudo veo personas que se quedan completamente inmóviles durante el culto, como si estuvieran congeladas. Una cosa sé - al igual que David, ¡NO SOY YO! Conocí a este Dios asombroso durante la adoración, y ese es un lugar donde siempre veré que mi vida da un giro. ¿Por qué no pones música de alabanza y empiezas a cantar y bailar un poco? ¡Verás lo que Dios hará por ti!

ORA ESTA ORACIÓN MILAGROSA :

¡Señor Jesús! Este cuerpo que ocupo es el Templo del Espíritu Santo. Por lo tanto, cuerpo, te ordeno, desde la punta de mi cabeza, hasta la planta de mis pies co-

mienza a regocijarte en el Señor. Mientras comienzo a alabar al Señor en la danza, que el Fuego del Espíritu Santo me libere desde lo profundo de mi ser.

¡En el Nombre de Jesús!

¡Que todo lo que tiene aliento alabe al Señor!

Que todo lo que respira alabe al Señor. Alabad al Señor. (Salmo 150:6)

¡Que todo lo que respira alabe al Señor! ¡Qué declaración! ¿Te has fijado alguna vez cómo los pájaros empiezan a cantar tan fuerte antes de que amanezca? Y al ponerse el sol, intensifican su canto. Están cumpliendo el mandato de Dios - ¡Alabarlo!

Aprendemos mucho observando cómo Dios opera a través de los animales. Una gran lección que aprendí recientemente ¡fue a través de un perro! A menudo considero el papel de las mascotas dentro de la familia americana. Probablemente el más popular es el perro - el mejor amigo del hombre.

Recientemente mis padres tuvieron que acabar la vida de su perra, porque se estaba haciendo vieja y tenía muchos problemas para caminar. Los últimos días fueron muy duros para toda la familia. Me entristeció mucho verlos llorar la pérdida de una compañera que había compartido sus vidas durante muchos años. Me di cuenta de que había lazos muy fuertes entre el perro y mis padres, que les hacía sentir como si hubiera fallecido uno de sus propios hijos.

Llevaba muchos años diciendo en broma que los estadounidenses tienen dos tipos de hijos: los que tienen dos pies y los que tienen cuatro. Las mascotas suelen llenar un vacío en la familia. En tiempos pasados, la familia estaba más unida y muchos miembros vivían juntos. Con el tiempo, se ha ido rompiendo: a menudo, los hijos y los padres viven separados. Ha aparecido un vacío, y lo llena - lo has adivinado - ¡el perro!

Stacey, una mujer a la que enseño desde hace varios años, empezó a hablar de una amiga suya llamada Joanna. Stacey le estaba hablando del Amor de Dios, y realmente la estaba conmoviendo.

Finalmente, pude conocerla. Eran muy amigas y compañeras de trabajo. Después de hablar un rato, le pregunté si podía

orar por ella. Joanna sufría de depresión desde que su padre murió hace años. Le quería de verdad y seguía echándole de menos, aunque hacía muchos años que se había ido. Ella se había casado, pero todavía había un vacío en su corazón, y como resultado, había crecido en una depresión que nunca parecía dejarla.

Antes de orar, el Señor me dijo que Stacey debía pararse detrás de Joanna porque el Poder de Dios iba a tocarla. Mientras orábamos, sucedió así. Por un tiempo ella empezó a jadear fuertemente, y a llorar. Me di cuenta que los demonios la estaban dejando.

Antes de continuar, permítanme explicar algo concerniente a mi ministerio en este momento.

Marcos 1: 25 - 27 dice lo siguiente -

Y Jesús le reprendió, diciendo: Calla y sal de él.

Y cuando el espíritu inmundo lo hubo desgarrado, gritando a gran voz, salió de él.

Y todos se asombraron, de tal manera que se preguntaban entre sí, diciendo,

¿Qué cosa es ésta? ¿Qué nueva doctrina es ésta? porque con autoridad manda aun a los espíritus inmundos, y le obedecen.

Cuando Jesús comenzó su ministerio, empezó a hacer algo que asombraba a los que le rodeaban: expulsar demonios y espíritus malignos. En este caso, el espíritu incluso grito con una voz fuerte.

Era algo nuevo - una nueva doctrina, pero necesitamos entender que era una parte regular de su ministerio, y es lo que lo distinguía. Para muchos, era algo nuevo, asombroso y a menudo incomprensible. Sin embargo, a otros les parecía absurdo. Independientemente de lo que pensemos al respecto, tenemos que darnos cuenta de que esta fue una parte del ministerio de Jesús que está claramente registrada en la Biblia. Incluso hoy en día, también es una parte habitual del ministerio de los verdaderos ministros de Jesucristo.

Lucas 9: 1 dice lo siguiente :

Entonces convocó a sus doce discípulos, y les dio

poder y autoridad sobre todos los demonios, y para curar enfermedades

Como ves, en el ministerio de Jesús, Él entrenó y capacitó a sus discípulos para hacer todo el trabajo que Él hacía. Echar fuera demonios era una parte regular del ministerio de los discípulos. A medida que mi ministerio progresaba, y Dios enviaba a un gran hombre de Dios, el Reverendo Tony, a mi vida como mentor, esta autoridad y poder que venía de Jesús a sus discípulos me fue transmitida a través del ministerio del Reverendo Tony. En años de entrenamiento con él, expulsar demonios se ha convertido en una parte regular de mi ministerio.

Volviendo a Joanna, me di cuenta de que los demonios la abandonaban. Finalmente, una gran calma vino sobre ella después de que los demonios habían sido expulsados. Fue una experiencia muy conmovedora para todos nosotros, y realmente sentimos la presencia de Dios.

Durante un buen rato, Joanna se serenó y luego nos dijo que sentía como si se hubiera quitado un gran peso de encima. Sentía una alegría que no había sentido en muchos años. Era hermoso, y hay que vivir algo así para comprender lo rico y sagrado que se había vuelto el entorno. Ninguno de nosotros quería irse y nos quedamos un buen rato bromeando, riendo mucho y disfrutando de este momento tan especial.

Antes de despedirnos, concerté una cita para visitar la casa de Joanna y orar con toda su familia. Le aconsejé a Stacey que se mantuviera en contacto con ella para asegurarse de que todo estuviera bien y de que el diablo no intentara volver y robarle su bendición. Varios días después, Stacey llamó para informar que Joanna estaba muy feliz. Dios realmente la había tocado, pero cosas inusuales estaban sucediendo en su casa. ¡El perro de ella había empezado a alterarse mucho! Por primera vez, Joanna volvió a casa y lo encontró corriendo, ladrando y muy excitado. En un arrebato, hizo pedazos los cojines e incluso empezó a arrancar la alfombra.

Cuando oí esto, recordé inmediatamente Marcos 5: 13

Jesús despidió a los demonios, y los espíritus inmundos salieron y entraron en los cerdos; y la piara se precipitó violentamente al mar por un lugar escarpado.

Intuitivamente, ¡sabía que el perro estaba sintiendo demonios en la casa! Su comportamiento se había vuelto de repente como en la escritura, cuando los cerdos corrieron violentamente hacia el mar. Estaba segura de que eso era lo que le estaba pasando. Me di cuenta de que los animales a menudo se vuelven violentos en presencia de demonios.

Esperaba con impaciencia nuestro encuentro, aunque un poco insegura respecto al perro: ¡no quería que se volviera violento a mi alrededor! El día previsto, Joanna llamó para cancelar la cita. Esto me convenció aún más de que el diablo estaba realmente molestando a esta familia.

Poco después, visité a Stacey en el trabajo y descubrí que Joanna también estaba allí. Su marido la estaba esperando para llevarla a casa en unos diez minutos. Le dije a Stacey que me gustaría orar con ellos antes de que se fueran, y fui a esperar en mi carro. Para mi sorpresa, vi a Joanna salir del edificio, subir al coche y marcharse con su marido. Stacey vino y se disculpó conmigo, explicándome que el perro estaba en el coche, y después de que yo llegara, empezó a alterarse y a ladrar. Como no querían causar molestias, se marcharon rápidamente.

Ahora lo tenía claro. El demonio empezó a molestar al perro en el momento en que llegué, lo que hizo que se marcharan a toda prisa. Mantuve la calma y esperé a que llegara el momento adecuado: sabía que este demonio encontraría su fin muy pronto. Tal vez una semana después, ¡llegó el momento! Llegué al lugar de trabajo y vi a Eduardo de pie junto a su coche. Nos habíamos visto en varias ocasiones, así que fui a hablar con él. El perro, Coffee, estaba en el coche. Un poco inseguro, saludé al perro, ¡sabiendo que sin duda tendríamos que ser amigos! Era muy simpático. Nunca toco a los perros, pero en este caso hice una excepción y encontré un lugar detrás de sus orejas que le gustó, y lo froté hasta que pude ver que estaba muy contento.

Eduardo aceptó que oráramos todos juntos. Varios minutos después, Joanna salió y nos sentamos a orar. Eduardo preguntó si debía traer Coffee. Yo dije muy afirmativamente - ¡SÍ! No sabía lo que iba a pasar, ¡pero sabía que el perro tenía que estar presente!

Eduardo se sentó junto a Joanna, y yo me senté frente a ellos dos. Joanna subió a Coffee a su regazo.

Empecé a orar, y casi inmediatamente sentimos la presencia de Dios. Miré y vi que Eduardo la cogía de la mano. Puse mi mano encima, orando con más fuerza, y empecé a reprender a los demonios. Tenía los ojos cerrados. Podía sentir la mano de Eduardo debajo de la mía temblando. Continué orando hasta que sentí un avance y calma. Inmediatamente después, sentí que Coffee ponía su cabeza encima de mi mano, ¡y la apoyaba allí! Qué sorpresa cuando abrí los ojos y lo vi apoyando su cabeza en mi mano, como si estuviera de acuerdo con nuestra oración.

Terminé, ¡y pude ver que todos habíamos sido tocados por la presencia de Dios! Eduardo describió lo sucedido, pues era el único que tenía los ojos abiertos. Después de la quietud, Coffee giró la cabeza, mirando lentamente hacia un lado y luego hacia el otro. Después de mirar a ambos lados, ¡colocó su cabeza encima de nuestras manos!

¡¡WOW!! ¿Qué ha pasado? ¿Lo puedes adivinar? Coffee había visto a los demonios ser expulsados, y estaba mirando para asegurarse de que todos se habían ido. Después, sintiendo la Paz de Dios, ¡puso su cabeza para estar de acuerdo con nosotros!

Que todo lo que respira alabe al Señor. ¡Alabado sea el Señor!

Vuelve a casa... el Señor ha tenido compasión de ti.

El que había sido poseído por el demonio rogaba para estar con Él. Pero Jesús no se lo permitió, sino que le dijo: Vete a tu casa, a tus amigos, y cuéntales cuán grandes cosas ha hecho el Señor contigo, y se ha compadecido de ti. (Marcos 5:18,19)

Este es uno de los milagros más dramáticos del ministerio de Jesús. En una gran liberación, una legión de demonios fue expulsada de un hombre, se le devolvió la razón y se convirtió en predicador del Evangelio. Cuando Jesús salió, le ordenó,

Ve a casa con tus amigos, y cuéntales cuán grandes cosas ha hecho el Señor por ti, y ha tenido compasión de ti. Y yéndose, comenzó a publicar en Decápolis cuán grandes cosas había hecho Jesús con él; y todos se maravillaban.

Debido a la compasión de Jesús, ¡la vida de tormento de este hombre dio un giro completo! Comenzó a recorrer las diez ciudades de Decápolis contando a todo el mundo las grandes cosas que Jesús había hecho por él.

Este hombre era un terror para todos, y sólo Jesús podía acabar con él y cambiar su vida por completo.

Se le describe así:

Que tenía su morada entre los sepulcros; y nadie lo podía atar, ni con cadenas: Porque muchas veces había sido atado con grillos y cadenas, y las cadenas habían sido arrancadas por él, y los grillos rotos en pedazos; y nadie lo podía domar. Y siempre, de noche y de día, estaba en los montes y en los sepulcros, llorando y cortándose con piedras. Pero cuando vio a Jesús de lejos, corrió y le adoró (versículos 3- 6)

¿Cuál era su estado cuando Jesús lo encontró?

- Estaba al borde de la muerte: *vivía en los sepulcros* y tenía tendencias suicidas: *siempre se cortaba con piedras.*

- Tenía una fuerza sobrenatural: *por más que intentaban atarlo con cadenas, él las rompía y era indomable.*

- A pesar de todo el mal que llevaba dentro, reconocía a Jesús, e *incluso le adoraba.*

Una noche estaba en el hospital muy tarde, de camino a casa. Al salir, oí que el Espíritu Santo me decía que fuera al Servicio de Urgencias. (E.D.) Siempre que Él habla así, voy con impaciencia, sabiendo que siempre ocurrirá algo grande. Esa noche, entré en el mismo ambiente que Jesús cuando salió de la barca y se encontró con el hombre que tenía una legión de demonios.

La mujer que estaba a punto de encontrar esta noche era muy similar -

- ella estaba cerca de la muerte, y suicida.

- ella tenía una fuerza sobrenatural - el diablo estaba presente, y su poder maligno había tomado control de su vida.

- A pesar de toda la maldad dentro de ella, ella reconoció, y tuvo que someterse a Jesús.

Entré en urgencias, buscando a quien me había enviado el Espíritu Santo. Al llegar a la habitación 12, noté a una enfermera sentada en la puerta, observando al paciente. Miré dentro y supe que era ella. Había problemas: estaba tumbada en la cama en una posición extraña y la sábana se le había caído de la parte inferior del cuerpo. Pregunté si podía verla. A la enfermera le pareció bien, pero dudaba que pudiéramos hablar porque la paciente estaba incoherente.

Así que volvió a taparla y entré.

Cuando entré, esta fue mi meditación:

Revestíos del Señor Jesucristo (Romanos 13:14)

Esta es una posición de santidad, y también de batalla. Inmediatamente, el Dios que conozco me equipo y me preparaba para guerrear y conquistar las fuerzas que sentí que estaban perturbando a esta mujer. Cuando entré, había un fuerte olor a vómito y sólo llevaba una bata de hospital. Le habían quitado la ropa que llevaba puesta.

Aunque la cara de la mujer era atractiva, ahora el comportamiento era completamente frenético. El pelo de longitud media estaba completamente despeinado. Parecía que toda la esterilidad de la sala de urgencias quedaba anulada por el horrible olor a vómito que desprendía aquella mujer.

En cuanto le dije que era capellán, salió de su estupor y se volvió atenta. Hubo momentos de claridad, pero luego se agitó mucho. Tenía las manos y los tobillos atados. Intentó soltarse frenéticamente, señalando una estantería imaginaria y diciendo que necesitaba otra cerveza. Mientras se revolvía, la sábana se le caía y volvía a dejarla al descubierto. A pesar de este comportamiento, respondió a mis preguntas. Cuando insistí en que volviera a tumbarse en la cama y permaneciera tapada, obedeció.

En momentos de lucidez, repetía. . .

¡Voy a suicidarme!

¡Voy a suicidarme!

Estaba muy convencida de que necesitaba acabar con su vida. Me dejó orar por ella y mantuvo la calma. Agarré una de sus manos con fuerza y ordené al espíritu asesino que se fuera y dejara de atormentarla en el nombre de Jesús. Recé a través de la escritura fiel que se ha probado muchas veces, y la personalicé -

No moriré, sino que viviré y contaré las obras del Señor. (Salmo 118:17)

Después de la oración, seguía incoherente, pero algo había cambiado. Empezó a repetir .

Quiero volver al lugar en Westbury

Parecía ser algún tipo de programa de rehabilitación en ella que había estado antes, pero volvió a caer en el abuso del alcohol. Me di cuenta de que ya no hablaba de suicidarse, ni de las cervezas imaginarias, sino que ahora estaba ansiosa por recibir ayuda.

Me alegré de la oración y de cómo había respondido. Cuando llegué a casa, lo primero que hice fue enjuagarme las fosas nasales. El olor ofensivo del vómito parecía ser como una presencia que permanecía en mis fosas nasales. Después de esto me sentí mejor. Recé durante un buen rato. Había visto muchas cosas, tanto buenas como malas. Después de algo así, necesitaba realmente buscar al Señor, aclarar mi mente y obtener paz. Mientras intercedía por esta mujer, el Señor me indicó cómo debía proceder :

Decid a los presos: Salid; a los que están en tinieblas: Mostraos. (Isaías 49:9)

Esto me habló, y formé un plan. La ayudaría a salir de la prisión y de las tinieblas. Sabía que Dios ya había comenzado por lo que se decía del lugar en Westbury. Mi meta era verla salir del hospital y colocarla en un buen programa de rehabilitación.

Día 2 Martes

Descubrí que la habían ingresado, pero estaba muy sedada y durmiendo. De nuevo, el fuerte olor a alcohol y a cualquier otra cosa que hubiera en su organismo estaban presentes, mostrándome que había muchos venenos en su cuerpo. La diferente combinación de olores era realmente ofensiva, y me hizo más consciente de los males que había que expulsar de su vida.

Me senté junto a la cama. Le puse la mano en la cabeza y recé en voz baja, pero con fuerza, hasta que sentí que Dios me liberaba.

Por la noche llamé para comprobarlo y me dijeron que seguía durmiendo. Más tarde, en casa, volví a orar por ella. Dios realmente me estaba dando una carga para continuar orando por ella, para que Él pudiera traer un cambio.

DÍA 3 MIÉRCOLES

Hoy por fin estaba despierta. Tuve que presentarme, porque ella no recordaba nuestro primer encuentro. Su nombre era Linda. Ella empezó a hablar, pero estaba muy insegura acerca de mí. Sin embargo, mientras oraba, leía las Escrituras y cantaba, la Presencia de Dios comenzó a tocarla indefectiblemente.

Cuando volví más tarde, empezó a confiar en mí y a abrirse más. Le expliqué que Dios me había liberado de mis problemas con las drogas y había cambiado mi vida por completo. Cuando empezó a entenderlo, le vino la esperanza.

De niña, había sufrido muchos abusos sexuales. De adulta, estos problemas la llevaron a las drogas, el alcohol, la prostitución y a trabajar como bailarina en un club nocturno. A pesar de todo, creía en Jesús y deseaba volver a Él.

DÍA 4 JUEVES

Hoy la han trasladado a la unidad psiquiátrica para desintoxicarla. Esto fue muy duro, porque la medicación le producía somnolencia e incoherencia. A pesar de ello, compartió conmigo su fuerte deseo de ir a algún lugar para recibir ayuda que cambiara su vida. Mientras hablábamos de las posibilidades, acepté ayudarla a localizar un programa cristiano de rehabilitación.

Más tarde, nos reunimos en la Sala de Silencio, un lugar utilizado para las visitas con los pacientes. Cerramos la puerta y empezamos a cantar y a orar. Empecé a orar con Hechos 1:8.

Recibirás poder cuando ha venido sobre ustedes el Espíritu Santo. Cuando comencé a orar, esperaba que el Espíritu Santo viniera de la misma manera que la primera noche cuando me visitó. El poder del Espíritu Santo comenzó a tocarla y cayó al suelo. La dejé allí por un rato, y me senté en una silla, cantando, y permitiendo que Dios hiciera su trabajo en ella. Ella lloraba intensamente mientras estaba en el suelo. Finalmente, se levantó y se sentó en la silla.

Fiel es el que os llama, que también lo hará (1 Tesalonicenses 5:24)

El Dios que me visitó en una fría noche hace casi 20 años había vuelto a aparecer. Linda había sido profundamente tocada, y por primera vez, ¡tenía una gran sonrisa en su rostro! Nos dimos las buenas noches y prometí volver al día siguiente.

DÍA 5 VIERNES

Hoy hable con la trabajadora social y con el centro de rehabilitación que hemos encontrado para iniciar el proceso de solicitud. También hable brevemente con su padre. Estaba muy contento, y me dijo que esto era una respuesta a sus oraciones.

DÍA 12 VIERNES

Hoy, Linda fue finalmente dada de alta del hospital, y admitida en el programa de rehabilitación. Estoy agradecido a Dios. Una vez más, Dios ha tenido compasión. Estoy feliz de haber visto Su Poder venir y cambiar la vida de Linda. ¡Aleluya!

ORACIONES MILAGROSAS . ¡EN ACCIÓN!

Ve a tu casa, a tus amigos, y cuéntales cuán grandes cosas ha hecho contigo el Señor, que ha tenido compasión de ti. (Marcos 5:19)

Amados, no importa que tan malas sean las cosas - Dios siempre es capaz de cambiarlas para bien. ¿Por qué? ¡Su compasión!

Jesús se preocupa por nosotros, cuanto peor estamos, más interviene y hace grandes cosas. Considera esta escritura: El Espíritu que mora en nosotros tiene celos fuertes hacia nosotros. - (Santiago 4:5)

Este hombre tenía una PERSONALIDAD MUY FUERTE. Dada una oportunidad, los deseos fuertes del Espíritu Santo dominarán los deseos del diablo. El resultado es que una persona con una personalidad fuerte ¡hará grandes cosas para Dios! Considere la vida de Saulo - un hombre que persiguió a los primeros cristianos y los llevo a la muerte. Se convirtió en un gran evangelista llamado Pablo, que plantó iglesias por toda Europa y Asia, y escribió dos tercios del Nuevo Testamento.

ORA ESTA ORACIÓN MILAGROSA :

¡Señor Jesús!

Ten compasión de mí y de mis seres queridos. Que tu fuerte deseo de cambiarnos derribe todos los planes del enemigo. Que tu poderoso Poder nos libere hoy de toda esclavitud del mal. Nuestras vidas se convertirán en un testimonio de que Tú puedes cambiar CUALQUIER COSA para tu Gloria.

En el Nombre de Jesús

Confío en el Señor

No temerá las malas nuevas: su corazón está firme, confiado en el Señor. Su corazón está firme, no temerá, hasta que vea su deseo sobre sus enemigos. (Salmo 112: 7,8)

Una señora me pidió que llamara a su amiga en el hospital que estaba embarazada de 7 meses. Había un vaso sanguíneo enrollado alrededor de su placenta, que se hacía más peligroso a medida que se acercaba el parto. Los médicos programaron una cesárea para que el bebé naciera sano y salvo y proteger a la madre.

La madre, descontenta, me pidió que orara con ella por un parto normal y a término. Nos pusimos de acuerdo, basando nuestra fe en la siguiente escritura :

En tu tierra no habrá cría ni esterilidad; yo cumpliré el número de tus días. (Éxodo 23:26)

Después de discutir esto, compartí una historia que me vino a la mente. Hace muchos años, tenía un dolor que parecía estar sentado en mi riñón derecho. Aunque no era grave, permanecía mucho tiempo. Cada vez que me sentaba, había una sensación de agrandamiento dentro de mí que era incómoda. Opté por creer que Dios me sanaría, en lugar de buscar ayuda médica.

Una noche, estaba en la Iglesia, y la Presencia de

Dios era muy fuerte durante el culto. El Pastor comenzó a orar y pidió a todos que se tomaran de las manos. Había un hombre a mi lado que era ¡GRANDE! Tenía unas manos enormes, ¡como si fueran mordazas! Cuando empezamos a orar, se emocionó, y empezó a saltar y apretar mi mano. Apretaba tan fuerte que tuve que sacarla rápidamente. Cuando agité la mano para aliviar el dolor, recordé que me había torcido uno de los pulgares. A principios de semana, me había caído y me lo había torcido. Pedí a Dios que me lo curara, y luego me olvidé, soportando el dolor, pero sin preocuparme. Al sacudirme la mano, recordé que el pulgar me seguía doliendo cuando entré en el servicio. Pero ahora, ¡el dolor había desaparecido por completo!

Poco después, el Poder de Dios se hizo tan fuerte que caí al suelo y todo mi cuerpo empezó a temblar. Pasó un buen rato y finalmente volví en mí. Me arrastré hasta el asiento, sintiéndome muy embriagado por la Presencia de Dios. Cuando abrí los ojos, vi que muchos otros estaban también en el suelo, siendo tocados por Dios.

La emoción en la Iglesia era indescriptible. Me di cuenta de otra cosa: ¡por primera vez en mucho tiempo, el dolor que sentía en mi interior había desaparecido por completo! Quería compartirlo con la Iglesia, así que escribí una nota y pedí a un ujier que se la diera al Pastor, que seguía orando apasionadamente.

El Pastor leyó la nota y anunció a la iglesia: "¡Ya estamos recibiendo testimonios! Alguien con un dolor en el riñón ha sido sanado!".

Dos días después, hubo otro servicio. Una mujer se acercó y comenzó a hablar - ella estaba en la Iglesia cuando el Pastor leyó mi nota. Esa mañana, ella fue al hospital. Los doctores habían encontrado una piedra grande en uno de sus riñones una semana antes. Cuando entró en la consulta preparada para la operación, el médico le hizo una petición. Dijo que no solía hacer este tipo de cosas, pero que, por alguna razón, quería hacerle otra radiografía. Salió del laboratorio con las dos fotos en la mano. Le enseñó la radiografía de la semana anterior y le mostró el cálculo. A continuación, le mostró la radiografía de ese día, y donde antes estaba el cálculo, ¡ahora no había ninguno! Entonces declaró

No sé qué ha pasado, pero el cálculo ha desaparecido. Puede irse a casa, no hace falta que la operemos.

La mujer dijo

Yo sé lo que ha pasado, ¡Dios me ha curado!

El médico, que no creía en Dios, le contestó

Puede irse a casa, no hace falta que la operemos.

La mujer se paró frente a la Iglesia, sosteniendo las dos radiografías, mientras contaba su historia. La Iglesia se volvió loca de emoción. Mientras compartía esta historia con ella, ¡podía sentir su emoción y el aumento de su fe! Entonces comenzamos a orar, reprendiendo al diablo que estaba poniendo su vida en riesgo, y le pedimos a Dios que corrigiera el vaso sanguíneo que estaba poniendo en peligro su vida.

Durante la oración, también declaré con valentía que el bebé nacería a término, con un parto normal dentro de una semana de los nueve meses requeridos. Una semana después de esta oración, recibí un mensaje de texto de la mujer.

Buenos días, Pastor, estoy de nuevo en el hospital, el diablo es un mentiroso, por favor, siga orando por mí. El Señor puede librarme

Le respondí,

De acuerdo, le llamaré más tarde.

Iba de camino a un Servicio, así que recé un poco y la llamé después del Servicio. Cuando contestó al teléfono, supe que estaba emocionada. Empezó a contarme la buena noticia: la noche anterior, vio que le salía un poco de sangre del interior, así que fue al hospital. Cuando llegó al hospital, la sangre se había detenido; sin embargo, los médicos hicieron un examen completo y tomaron una radiografía del bebé. Para sorpresa de todos, el vaso sanguíneo que había envuelto peligrosamente la placenta había desaparecido por completo. El médico confirmó lo que habíamos orado: ¡la cesárea ya no era necesaria! El médico la canceló y volvió a programar una revisión periódica, ya que el bebé evolucionaba hacia un parto normal.

Me alegra decir que el bebé milagroso ha llegado, y que tanto la madre como el hijo están sanos, y felices de que todos confiáramos en el Señor. Por primera vez, visité a esta madre, con su nuevo bebé y su familia. ¡Qué alegría estar juntos! Era como si nos conociéramos de toda la vida. Durante muchas horas hablamos, reímos, cantamos y oramos juntos, mientras celebrábamos el maravilloso bebé milagroso que Dios había dado a esta familia.

ORACIONES MILAGROSAS... ¡EN ACCIÓN!

No temerá las malas noticias: su corazón está firme, confiado en el Señor (Salmo 112:7)

¿Qué podemos aprender de esta mujer con una fe tan tremenda? ¡Su confianza estaba en EL SEÑOR!

¿Hay algo que te preocupa? Sigue buscando ayuda, como hizo ella con los médicos. Sin embargo, su confianza no estaba en ellos, ni en la incierta solución que le presentaron. Dios siempre tiene una solución. En Su palabra, en un testimonio como al que la mujer se conectó, o tal vez en algo que Él ha hecho por nosotros en el pasado. Esto es lo que necesitamos mantener cerca, y creer de todo corazón.

ORA ESTA ORACIÓN MILAGROSA :

Señor Jesús :

Yo clavo cada mal reporte que cuelga sobre mi vida en Tu Cruz. Por lo tanto es quitado. Envía tus espíritus ministradores para cambiar mi situación en un testimonio Glorioso.

¡En el Nombre de Jesús!

¡Toda Cadena está Rota!

Un día en la Casa de Rehabilitación me refirieron a un nuevo residente, cuyo nombre era Henry. Cuando empezamos a hablar, me contó sobre su vida - abuso sexual por parte de su madrastra y su hermano que resultó en una infección de VIH. Más tarde cayó en la adicción al crack. Realmente deseaba servir al Señor, pero sentía que había fuerzas que se le resistían. Mencionó que Dios se le había aparecido recientemente en una visión y le había dicho que tenía UNA OPORTUNIDAD MÁS, por lo que se confesó.

A pesar de todos sus problemas, la mayoría de su familia era cristiana, y todos estaban orando por él. Inmediatamente me recordó Hechos 12:5, y resolví leer esta historia cuando comenzara nuestro tiempo de oración.

Pedro, pues, estaba en la cárcel, pero la iglesia oraba sin cesar a Dios por él.

Me di cuenta de que llevaba dos pulseras de cadena en la muñeca. Le pregunté de dónde las había sacado, y me dijo que las había sacado de la basura. Le expliqué que contenían espíritus malignos y que debía deshacerse

94

de ellas. Leí Hechos 19: 11, 12

Y Dios hizo milagros especiales por las manos de Pablo, de modo que de su cuerpo fueron traídos a los enfermos pañuelos o delantales, y las enfermedades se fueron de ellos, y los espíritus malignos salieron de ellos.

Expliqué la escritura de la siguiente manera: porque el diablo estaba originalmente en el Cielo alabando a Dios, él sabe todo acerca de Él, y cómo Él trabaja. El diablo es un gran imitador de Dios, solo que lo usa para el mal. Verás, en esta escritura los pañuelos o trozos de ropa de Pablo contenían un poder especial transmitido por él que se utilizaban para curar a los enfermos y expulsar a los espíritus malignos. El diablo, como imitador, utiliza ciertos artículos como ropa, joyas o amuletos para transmitir espíritus malignos y dañar a las personas. Así fue como percibí que las dos pulseras que llevaba estaban malditas.

Inmediatamente, me dijo que quería ser obediente y que se desharía de ellas. Para mi sorpresa, las cogió y, de un fuerte tirón, las rompió y me las dio para que me deshiciera de ellas. Después de unos minutos, terminamos nuestra conversación, y comenzamos a orar, porque ya estaba sintiendo la unción muy fuertemente.

Comencé leyendo Hechos 12. ¡Al leer todo el capítulo, supe que esta iba a ser una tremenda liberación! Llegué a los versículos 6 y 7 que dicen lo siguiente,

. . aquella misma noche Pedro estaba durmiendo entre dos soldados, atado con dos cadenas; y los guar-

das delante de la puerta custodiaban la cárcel.

Y he aquí el ángel del Señor vino sobre él, y resplandeció una luz en la cárcel; e hiriendo a Pedro en el costado, le levantó, diciendo: Levántate pronto. Y se le cayeron las cadenas de las manos.

Cuando llegué hasta aquí, ¡tuve que parar! Los dos nos mirábamos asombrados mientras la Presencia de Dios empezaba a tocarnos. Yo no recordaba esta parte de

Atado con dos cadenas, . . . ¡y sus cadenas se desprendieron de sus manos!

Fue una hermosa confirmación de que Dios lo liberaría ese día. Empezamos a orar. Después de unos minutos, le dije a Henry que se pusiera de pie, cerrara los ojos, inclinara la cabeza hacia atrás y respirara profundamente, concentrándose en Jesús. Le dije que no hablara, que la conversación ya no era con él .

Comencé su liberación, y bajo la inspiración del Espíritu Santo, oré de la siguiente manera -

demonio, te ordeno que hables y salgas de este cuerpo en el nombre de Jesús.

Empecé a reprender a los demonios. Después de un rato, toda la parte superior de su cuerpo comenzó a convulsionar, y a hacer movimientos inusuales. Supe que empezaban a salir. Una voz hablo y dijo dos veces,

¡No me iré! ¡No me iré!

Me puse más violento en mi oración, y después de unos minutos el demonio dijo,

¡Me voy! ¡Me he ido!

Inmediatamente, el cuerpo de Henry dejó de convulsionarse y sentí que la paz de Dios entraba en él. Grité: *¡Eres libre!* Después le soplé una ráfaga de aliento en la cara, y el Poder de Dios lo derribó. Le cogí de las manos y lo llevé hasta la silla, donde cayó con el cuello apoyado en la parte superior de la silla. Estuvo inmóvil durante unos minutos. Cuando volvió en sí, sonrió, alabamos juntos a Dios y cantamos una canción.

Nos arrodillamos juntos y le pedí que diera gracias a Dios por lo que había hecho. Oró apasionadamente durante unos 5 minutos y luego nos sentamos los dos. Era una persona completamente cambiada: ¡libre, feliz y maravillosamente en paz!

ORACIONES MILAGROSAS... ¡EN ACCIÓN!

El Espíritu del Señor Dios está sobre mí, porque el Señor me ha ungido para predicar... la apertura de la cárcel a los presos. (Isaías 61:1)

Usted ve, en este ejemplo, el querido hermano fue encarcelado por el diablo: adicciones a las drogas, abuso en la infancia, y muchas otras cosas. Una de las cosas más importantes que hay que saber es que Jesús vino con una misión muy clara : *Para esto se manifestó el Hijo de Dios, para destruir las obras del diablo.* (1 Juan 3:8)

¿Dónde has estado atado? ¿En la enfermedad, adicción, pecado, problemas de relación, o cualquier otra cosa? Oro hoy para que el Señor te libere en el exaltado nombre de Jesús.

ORA ESTA ORACIÓN MILAGROSA :

¡Señor Jesús! Hoy, reconozco que estoy atado por (nombra tu situación) Perdóname de mis pecados. Renuncio a cualquier pacto que haya hecho con el diablo, ya sea voluntariamente o involuntariamente. Comprometo mi vida a ti Señor Jesús; soy tuyo para siempre. Rompo esta esclavitud de mi vida. Invoco el Poder de la Sangre de Jesucristo para que venga y me libere en este día. Hoy, soy libre para servir a Dios totalmente.

En el nombre de Jesús

Doctor Jesús

No traeré sobre ti ninguna de las enfermedades que traje sobre los egipcios, porque yo soy el Señor que te sana. (Éxodo 15:26)

Otro hombre del Centro de Rehabilitación sufría mucho dolor en el hombro. Hacía más de diez años, Christopher había tenido un accidente de trabajo; los médicos le habían operado, pero nunca se recuperó del todo. Parecía que el dolor iba a más. Tenía problemas para dormir y no podía tumbarse sobre el hombro. Cada vez que se daba la vuelta, le dolía. Cuando le pregunté a qué altura podía levantar el brazo, me lo demostró: lo más alto que podía llegar era exactamente en perpendicular, a 90 grados del hombro. A causa del dolor, no podía subir más. Desgraciadamente, como no tenía seguro, no pudo hacerse la radiografía que tanto necesitaba para recibir más tratamiento.

Christopher era un hombre de gran fe, que mantenía una relación amorosa e íntima con Dios. Esta relación se había profundizado considerablemente desde que llegó a la casa. Sin embargo, su conocimiento de la Biblia era muy escaso. Le pregunté si conocía alguna escritura sobre la capacidad de Dios para curar. Su respuesta fue negativa.

Entonces miramos las siguientes escrituras :

No pondré sobre ti ninguna de estas enfermedades que he traído sobre los egipcios, porque yo soy el Señor que te curo. (Éxodo 15:26)

Entonces empecé a explicarle esto. La palabra que te sana viene del hebreo, rafa - que significa médico, o sanador. Esta es la misma palabra en hebreo para doctor. Entonces, lo que esto está diciendo es, Yo soy el Señor, tu médico. Para entender esto mejor, veamos otra escritura -

Jesús les dijo: De cierto, de cierto os digo: Antes que Abraham fuese, yo soy. (Juan 8:58)

Lo que Jesús está diciendo aquí es que Él ha sido antes que Abraham - Él es el Yo soy. Así que, cuando ponemos estos dos juntos, podemos entender Éxodo 15: 26 en una luz diferente -

¡Yo soy el Doctor Jesús!

Luego vimos Hechos 10:38:

Cómo Dios ungió con el Espíritu Santo y Poder a Jesús de Nazaret, el cual anduvo... sanando a todos los oprimidos por el diablo...

Necesitamos entender algo claramente -

¡En muchos casos, la enfermedad es una opresión del diablo!

¡Ciertamente NO es la voluntad de Dios que Su pueblo esté enfermo! Hebreos 13: 8 declara -

Jesucristo es el mismo ayer, y hoy, y por los siglos

Según esto, todo lo que está escrito sobre Jesús en la

Biblia ¡TODAVÍA ESTÁ EN VIGOR, y lo estará para siempre!

Mientras hablábamos, resumí para Christopher -

-Dios habló a Moisés una promesa que ahora entendemos completamente -Yo soy el Doctor Jesús

-Cuando Jesús vino, Él tenía Poder y el Espíritu Santo para sanar toda enfermedad, que viene del diablo

-Jesús es el mismo hoy - Él es nuestro Doctor Eterno que siempre es capaz de destruir toda enfermedad del diablo, y traer sanidad.

Después oramos. Le pedí que levantara el brazo. Inmediatamente, lo levantó, ¡y subió por encima de su cabeza y se movió libremente en todas direcciones! Además, ¡se le quitó todo el dolor! Fuimos por todo el campus, mostrando a todo el mundo cómo era antes y después de que Dios lo sanara. ¡Qué día de celebración! ¡Gloria a Dios!

ORACIONES MILAGROSAS . ¡EN ACCIÓN!

Yo soy el Señor que te sana. (Éxodo 15:26)

Gracias a Dios por los médicos y la medicina. Gracias a ellos nuestra calidad de vida ha mejorado enormemente, así como nuestra esperanza de vida. Sin embargo, es Dios Todopoderoso quien les da el conocimiento y los recursos para hacerlo posible. La medicina moderna no estaba al alcance de este hombre. No había médicos disponibles. Por lo tanto, fue sencillo para su fe recibir la curación de Jesús. ¿Por qué fue curado?

-Por su profundo amor a Dios.

-Porque su fe era la única alternativa al dolor.

Una vez que escucho la Palabra de Dios, su fe IN-MEDIATAMENTE recibió la sanación. Necesitamos desarrollar una fe apasionada en Jesús como nuestro Médico, que ha venido a destruir toda enfermedad del diablo en nuestras vidas. Los doctores a menudo juegan un papel importante en nuestra sanidad, pero necesitamos saber que ellos son secundarios a Jesús. Desde los días de Moisés, el Poder infinito de Dios ha estado disponible para sanar a Su pueblo. ¿Lo recibirás hoy por fe?

ORA ESTA ORACIÓN MILAGROSA:

¡Doctor Jesús!

Hoy vengo a ti necesitando sanación. Toda enfermedad que viene del diablo, me propongo resistirla TOTALMENTE. La rechazo totalmente, y le ordeno que salga de este cuerpo AHORA. Este es el templo del Espíritu Santo. Que tu Poder me llene hoy y me sane.

En el nombre de Jesús

El amor nunca falla

El amor nunca falla (1 Corintios 13:8 NVI)

Una noche, fui a visitar a un hombre que estaba enfermo. No nos conocíamos. Cuando le dije que soy un Pastor, todo su apariencia cambió. Empezó a sudar, y parecía muy inquieto. A pesar de sus sentimientos, tenía muchas ganas de hablar. A menudo, la Presencia de Dios lo toco inmediatamente, y las cosas más importantes salieron a la luz. Sus reacciones lo demostraron. El Espíritu Santo dentro de mí lo convenció, y el pecado en su vida fue expuesto sin palabras - el resultado fue evidente en su inquietud.

Y cuando Él venga, Él convencerá y convencerá al mundo y le traerá demostración sobre el pecado... porque ellos no creen en Mí.... Pero cuando Él, el Espíritu de Verdad . . . venga, Él les guiará a toda la Verdad (Juan 16:8,13 AMP)

Mi primera pregunta fue: ¿Cómo te has sentido últimamente? ¡Su respuesta me golpeó como una bomba! Dijo que últimamente había estado muy atormentado - problemas para dormir, asustado por toda su situación, la enfermedad, y sentía que podría estar cerca del final de su vida.

De lo que más se arrepentía era de no haber dado

nietos a sus padres, porque la mayor parte de su vida había sido homosexual. Fue entonces cuando cayó la bomba. Ya había estado con algunos homosexuales y siempre me había sentido muy incómodo. Sin embargo, esto fue antes de convertirme en embajador de Jesucristo.

Varios pensamientos pasaron por mi mente antes de responder. El primero fue mi memoria inicial de encuentros previos, y recordé la escritura que fue hablada a los hombres de Israel, la cual es muy clara acerca de este estilo de vida -

No te acostarás con varón como con mujer; es abominación. (Levítico 18:22)

Sin embargo, mientras pensaba un poco más, el Espíritu Santo me recordó otro versículo - *El amor nunca falla* (1 Corintios 13:8 NVI). Rápidamente me di cuenta de que no me correspondía a mí juzgar a este hombre, sino más bien presentarle el Amor de Dios como una solución a su tormento.

Me di cuenta de que mientras él consideraba el final de su vida, la realidad del Cielo y del infierno se acercaban. El Espíritu Santo realmente me estaba guiando ahora, así que le pregunté si podía leer algo de la Biblia. Aceptó, y leí lo siguiente

Y uno de los malhechores que estaban colgados le increpó, diciendo: Si tú eres Cristo, sálvate a ti mismo y a nosotros. Respondiendo el otro, le reprendió, diciendo: ¿No temes tú a Dios, estando en la misma condenación? Y nosotros justamente, pues recibimos la recompensa debida a nuestras obras; pero éste tiene no había hecho nada malo. Y dijo a Jesús: Señor, acuérdate de mí cuando vengas en tu reino. Jesús le dijo: *En verdad te digo que hoy estarás conmigo en el paraíso.* (Lucas 23:39-43)

Después de esto, dije algunas cosas -

Escucha, nadie sabe cuándo vamos a morir - mañana, dentro de 10, 20 o 70 años.

Permítanme explicar algo, estoy muy seguro de que voy a vivir una vida larga, saludable y próspera porque la Biblia promete, *Con larga vida le satisfaré, y le mostraré mi salvación.* (Salmo 91:16)

Sin embargo, no quería decirle que podría morir mañana, así que se lo dije de una forma menos amenazadora que pensé que recibiría bien. *"Escucha, nadie sabe cuándo vamos a morir: mañana, dentro de diez, veinte o setenta años. Sin embargo, cuando llegue ese día, ¿no sería bueno saber que estarás en el paraíso del que habló Jesús?*

El hombre movió la cabeza con entusiasmo y dijo: "Sí, ¡me gustaría mucho estar allí!

Así que le dije que sería muy fácil, y le pregunté si estaba dispuesto a orar algunas oraciones juntos para asegurarse un hogar eterno en el Cielo - o Paraíso, como se describe en esta escritura. Aceptó con mucho entusiasmo, y empezamos a repetir una oración que era algo así.

Señor Jesús, gracias por tu Amor hacia mí. Hoy vengo a ti como pecador. Renuncio a todos mis pecados. Rechazo todos los pactos que he hecho con el diablo, ya sea

a sabiendas o sin saberlo. Hoy te pido perdón por todos
mis pecados. Hoy hago un nuevo pacto contigo a través
de la sangre del Señor Jesucristo. Que tu Amor venga
hoy del Cielo, y me sane de todos mis dolores, penas,
heridas y enfermedades. Ayúdame a vivir una vida santa
ante ti a partir de hoy. Te pido que me des tu Espíritu
Santo. Hoy confieso y creo que he nacido de nuevo. Hoy,
te acepto como mi Señor y Salvador. Hoy, el Cielo es mi
Hogar eterno. En el nombre de Jesús.

Cuando terminamos la oración, caían muchas lágrimas y él tenía una gran sonrisa en su rostro. La transformación fue tremenda, y ambos estábamos muy felices mientras hablábamos unos minutos más. Me dio un fuerte abrazo y me fui, prometiendo verle unos días más tarde.

La siguiente vez que le visité, estaba muy contento, relajado y emocionado de verme. Me agradeció repetidamente la visita y la Oración. También me dijo que había dormido tranquilo por primera vez en muchos años. Por último, se sentía muy bien con su vida. Se podría decir que este hombre había nacido homosexual. Pues bien, encontramos la respuesta a su problema de nacimiento: ¡nacer de nuevo! La oración que oramos juntos podría llamarse una oración de "nacer de nuevo". Su tormento físico y emocional terminó el día en que renació espiritualmente.

Estoy seguro de que los ángeles en el Cielo estaban celebrando ese día porque el infierno había sido despojado de un prisionero, ¡y el Cielo había recibido otro santo eterno!

ORACIONES MILAGROSAS... ¡EN ACCIÓN!

Amar al pecador, odiar el pecado es una frase común. Cuando conocí a Jesús, fue el Amor de Dios obrando a través de Su pueblo lo que me trajo a Él. Mi abuela nunca dijo nada acerca de mi hábito pecaminoso a las drogas. El amigo que me trajo al estudio de la Biblia, y a la Iglesia, aunque debe haber olido la marihuana en mi aliento, nunca dijo nada, y tampoco lo hicieron los pastores y ancianos de la Iglesia cuando comencé a venir. Considere esta escritura -

Ustedes son el templo de Dios... el Espíritu de Dios mora en nosotros. Si alguien destruye el templo de Dios, Dios le destruirá; porque el templo de Dios, el cual son ustedes, santo es. (1 Corintios 3:16)

Si profanamos nuestros cuerpos con drogas, o con homosexualidad, ¿crees que un pecado es peor que el otro? Yo creo que no. Al reflexionar sobre la salvación de este hombre, y mi salvación, hay algunas cosas en común.

- Nuestro pecado fue conocido por la persona que presento el Evangelio.

-No hubo juicio, condenación, ni siquiera mención de nuestro pecado.

-El Amor de Dios fue demostrado tanto en palabras como en acciones.

-El mensaje del Evangelio y la salvación del Señor Jesucristo fue aceptado, y trajo una tremenda transformación a nuestras vidas.

Haces bien cuando completas la Regla Real de las Escrituras: Ama a los demás como a ti mismo. Habla y actúa como una persona que espera ser juzgada por la Regla que nos hace libres. Porque si te niegas a actuar con amabilidad, difícilmente puedes esperar que te traten con amabilidad. La misericordia bondadosa gana siempre al juicio severo. (Santiago 2:8,12 &13 MSG)

ORA ESTA ORACIÓN MILAGROSA :

Señor Jesús -

Hoy te reconozco como Rey de reyes y Señor de señores. Acepto mi trabajo como tu Embajador Real con todo mi corazón. Reflejaré tu Amor en pensamiento, palabra y acción. Rechazo toda acusación maligna y toda mentira del diablo que me lleve a condenar a alguien. Que hoy sea misericordioso y sepa que Tú siempre me ayudarás a ganar a otros para tu Reino Eterno. Unge mi corazón, mi mente y mi lengua con Gracia abundante. Gracias por el Poder de tu Amor que nunca falla.

En el nombre de Jesús

Ministerio de Sanación Saliva

Escupió, y tocó su lengua Marcos 7:33

La primera vez que oí el término *ministerio de escupir para sanar* fue a un famoso predicador. Habló una noche sobre una cruzada que dirigió en Corea. Durante la cruzada, trajeron a una mujer sordomuda para oración. Cuando la mujer estaba delante de él, el Señor le habló de una manera inusual.

Escúpele en la boca y la sanaré.

Me imagino la reacción de algunos de ustedes. Yo también me sorprendí, pero debemos entender que esta orden del Señor no es tan inusual si conocemos los Evangelios. ¡Jesús usó su saliva para curar a muchos! Por ejemplo, en Marcos 7, Jesús escupió en su dedo, y toco la lengua de un hombre que estaba a la vez sordo y mudo. Inmediatamente, su lengua se soltó y hablaba.

Sin embargo, con varios miles de personas en la audiencia, ¿puedes imaginar las cosas que pasaban por la mente del predicador cuando el Señor le ordenó hacer esto? Señor, ¿de verdad estabas hablando tú? ¿Imagina que el Señor no la cura? ¡Masacre violenta de famoso evangelista!

No queriendo desobedecer al Señor, dijo a toda la audiencia, *¡el Señor dijo que la sanaría si escupía en su boca!* La mujer se puso delante de él y abrió la boca, invitándole a escupir en ella. Él hizo un fuerte ruido, aclarándose la garganta, y escupió con fuerza en la boca de la mujer. Inmediatamente quedó curada y empezó a gritar con fuerza. Todo el estadio enloqueció alabando al Señor.

Siempre recordaba este testimonio cuando leía Marcos 7. Sin embargo, durante muchos años, permaneció sólo como un recuerdo.

Mi entrada en el ministerio de sanar escupitajos ocurrió de forma bastante repentina e inesperada una noche. Fui al encuentro de una mujer que me pidió que la visitara y orara por ella. Nunca la había visto antes, y decidí ir a su encuentro. Llegué sobre las siete y cuarto y me fui poco antes de medianoche. Durante mi Oración final con la mujer, discutimos la escritura -

Sobre el Monte de Sion habrá liberación, y habrá santidad, y la casa de Jacob poseerá sus posesiones. (Abdías 17)

Oramos un buen rato sentados a la mesa de la cocina. Hacia el final, la cogí de la mano y empecé a orar por su liberación. Inmediatamente, empezó a toser y a sujetarse la garganta, como si algo le impidiera respirar. Me di cuenta de que esos espíritus malignos empezaban a manifestarse en su pecho y garganta por la forma en que reaccionaba. Comencé a orar a través de la escritura -

Ha tragado riquezas, y volverá a vomitarlas: Dios las echará por fuera de su vientre. (Job 20:15)

Empezó a ahogarse y me miró. Miré a mi alrededor y no vi agua ni vasos, pero aquí, sobre la mesa, estaba la botella de agua que había estado bebiendo. Aunque no es mi costumbre compartir mi agua con los demás, recordé la escritura -

*Escupió y se tocó la lengua (*Marcos 7:33)

En una fracción de segundo, recordé esta escritura y el testimonio del predicador. Mi fe me dio el visto bueno y le di de beber mi agua, creyendo que mi propia saliva haría lo mismo que en el caso de Jesús y el predicador.

Se la bebió rápidamente y, para mi sorpresa, corrió inmediatamente al baño, cerró la puerta y empezó a vomitar durante 4 o 5 minutos. Mientras vomitaba, oí fuertes ¡gritos, mientras los demonios la abandonaban! Varios días después, para mi fascinación, esta mujer me explicó algo. Antes de nuestro encuentro, había cenado bien. Curiosamente, me dijo, lo que vomitó fueron unas sustancias extrañas, ¡y NADA DE LA CENA QUE HABÍA COMIDO! Ahora, han pasado muchos años desde esta liberación, y ella se ha convertido en una gran amiga mía, y un miembro fiel de nuestro Ministerio. Este evento marcó el comienzo de un gran cambio en su vida.

Tal vez 1 ½ años después, yo estaba en un Servicio de Oración un sábado por la mañana. Éramos unas diez personas, cada una en su turno de oración. Escuché mientras todos oraban, y el Espíritu Santo realmente me llamó la atención sobre la Oración de una mujer, que le había pedido al Señor que la liberara de su hábito de fumar.

Después de que todos terminaron, comencé a orar, y empecé a orar a través de un mensaje de Hageo 2:6,7

Porque así ha dicho Jehová de los ejércitos: Aún será un poco de tiempo, y haré temblar los cielos y la tierra, el mar y la tierra seca; y haré temblar a todas las naciones, y vendrá el deseo de todas las naciones; y llenaré de gloria esta casa, dice Jehová de los ejércitos.

Mi interpretación de esta escritura es que cuando la Gloria de Dios desciende, todo poder maligno - ya sea en los cielos, la tierra o debajo de la tierra - son todos sacudidos, y expulsados de la vida del creyente. ¡La Gloria de Dios nos llena y trae sanidad y liberación!

Mientras oraba sobre este tema, el Señor me dijo que debía llamar a la mujer que había pedido ser liberada de su hábito de fumar. Tenía una pequeña botella de agua, de la que había empezado a beber. Él dijo que cuando le diera de beber mi agua, ella sería liberada. Recordé al instante mi experiencia anterior y no dudé.

La mujer vino adelante, y después de que yo explicara lo que el Señor me había dicho hacer, sin pregunta, ella tomó el agua y comenzó a beber. ¡Sucedió tan rápidamente! Gracias a Dios, alguien se puso detrás de ella. La mujer inclinó su cabeza hacia atrás, y el agua bajó por su garganta instantáneamente. Antes de que terminara, el

Poder de Dios la tocó y cayó al suelo. Fue un espectáculo ver a la mujer caer hacia atrás, ¡con la botella todavía en la boca! Rápidamente agarré la botella, mientras la otra mujer la sujetaba, y la dejé en el suelo. Ordené a la Iglesia que empezara a orar por ella. Oramos violentamente por ella, reprendiendo a los demonios de la muerte, la adicción y el tabaquismo. Inmediatamente, su estómago y piernas comenzaron a moverse de una manera muy inusual, ya que los demonios comenzaron a manifestarse dentro de ella. Su cabeza se echó hacia atrás, su boca se abrió de par en par, y todos nosotros observamos asombrados, mientras ella exhalaba fuertemente varias veces. Los espíritus malignos se marcharon y ella permaneció completamente inmóvil, pues su liberación se había completado. Cuando se dispuso a levantarse, se sentía muy embriagada por el Espíritu. Hasta el día de hoy, que yo sepa, ¡nunca ha vuelto a fumar!

ORACIONES MILAGROSAS . . . ¡EN ACCIÓN!

¿Estás luchando con algún tipo de adicción? ¿Alcohol, tabaco, drogas (legales o ilegales)? ¿Y a la comida? ¿Adicto a los dulces? ¿A la cafeína? ¿A la comida salada? ¿Comida basura? ¿Gula? ¿Hay enfermedad en tu cuerpo?

ORA ESTA ORACIÓN MILAGROSA :

Señor Jesús

Ora así :

Mientras elevo esta agua al Cielo, que tu Poder Sanador entre en ella ahora mismo.

Mientras comienzo a beber esta agua, que todo lo plantado por el enemigo sea consumido por el fuego. Yo ordeno a los espíritus malignos causantes de (nombra tu aflicción) que dejen mi cuerpo ahora en el nombre de Jesús. Que todo deseo malsano sea quitado de mi ahora para siempre. Por el Poder del Espíritu Santo, que yo sea completamente sanado hoy. Alabo tu Santo Nombre.

En el nombre de Jesús
¡Bebe el agua ahora!

Una Cosa Nueva

En noviembre de 2018, el Hombre de Dios, el Reverendo Tony regresó a Nueva York para una visita. Como siempre, estaba emocionado de verlo, esperando mi tiempo con él, y sirviendo como su Asistente Personal.

Una de las cosas que más disfruto de estar con él es viajar a diferentes Iglesias, y escuchar su predicación. Sé que en cada viaje a Nueva York, tanto él como muchos de los líderes de su Iglesia en Nigeria ayunan y oran mucho. Como parte de esta consagración, el Señor siempre le da un mensaje especial, que suele predicar varias veces mientras estoy con él. En esta visita, el mensaje que el Señor le dio fue,

¡Voy a hacer algo nuevo! Ya está sucediendo, ¿no se dan cuenta? Estoy abriendo un camino en el desierto y ríos en lugares secos (Isaías 43:19)

Cuando escuché este mensaje, hablé con el Señor y dije ¡AMÉN! Algo dentro de mí fue tocado. Recuerda que el versículo dice, ahora brotará. Estaba brotando dentro de mí, sin duda, y yo estaba listo para esa cosa nueva, ¡aunque no supiera lo que era!

Aunque mi vida en Nueva York era buena, y me pasaban muchas cosas buenas en el Ministerio, para mí era un lugar duro para vivir, y además, los fríos inviernos eran cada vez más problemáticos a medida que pasaban los años. Estaba listo para algo nuevo, ¡aunque no supiera qué era!

Una de las cosas que necesitaba ayuda era nuestra Iglesia local. Durante varios años, el Reverendo Tony y yo habíamos iniciado una Iglesia en Mount Kisco, pero por una razón u otra, no estaba creciendo en absoluto. Mientras estaba allí, alguien me presento a un Pastor cercano, que tenía una gran Iglesia de habla hispana. El acepto hablar con el Reverendo Tony y conmigo sobre la posibilidad de ayudarnos a comenzar una rama de habla hispana de nuestra Iglesia en Mount Kisco.

Cuando fuimos a reunirnos con el Pastor, una de las primeras cosas que hizo fue invitarme a una conferencia de tres días en Puerto Rico el siguiente enero. El seminario se titulaba, Plantación de Iglesias y Liderazgo. Honestamente, lo que más me emociono fue esto : ¡PUERTO RICO! ¡! ¡! Sí, necesitaba aprender mucho sobre la plantación de iglesias y el liderazgo, pero lo que me entusiasmaba era. . . ¡PUERTO RICO! ¡! ¡!

Tratando de mantener una apariencia profesional tanto con el Reverendo Tony como con el Pastor, contuve mi emoción. Me aseguró que encontraría a alguien con quien quedarme en Puerto Rico, porque no conocía a nadie en absoluto.

En el coche de vuelta a casa, le pregunté al Reverendo Tony qué le parecía el viaje, y me dijo que sí, que le parecía una buena idea.

Mientras tanto, yo gritaba: ¡¡¡PUERTO RICO! ¡! ¡! Por fe, decidí que tenía que ir. Aunque no tuviera el dinero para el vuelo... por Fe; ¿recuerdas el mensaje que había estado escuchando? ¡HARÉ ALGO NUEVO! ¡Eventualmente, el dinero llego para comprar el boleto, y decidí, de ninguna manera voy a ir a Puerto Rico y regresar a Nueva York en el frio mes de Enero después de solo 3 días! Compré un billete para dos semanas, aunque no conocía a nadie, ni sabía qué iba a hacer, ni siquiera dónde me alojaría una vez terminada la Conferencia. ¡Esa Nueva Cosa estaba brotando como nunca!

La Conferencia fue estupenda y aprendí mucho. Pero lo mejor fue la gente. Empecé a enamorarme de Puerto Rico, ¡por la gente! Como extranjero, me trataron con más respeto del que nunca había recibido en Nueva York. Las amistades y la amabilidad que experimenté en esas dos semanas crearon en mí un fuerte deseo de regresar de nuevo a Puerto Rico. Me fui sabiendo que Dios había comenzado algo nuevo y que Puerto Rico era el lugar donde Él lo haría.

Permítanme explicarles algo sobre el Reverendo Tony. Su Pastor Principal es conocido como el Profeta. Toda la Gracia, Dones y Bendiciones que el Reverendo Tony tiene, el Profeta las tiene en mayor abundancia. He conocido al Profeta, y él me ha ministrado varias veces a través de los años. Un encuentro con él es siempre Milagroso. El Reverendo Tony siempre viene a NY bajo la autoridad delegada del Profeta.

En mi última noche en Puerto Rico, tuve un sueño. En el sueño, yo estaba en mi cuarto en NY. El Profeta entraba en la habitación y quería sentarse en el sofá, pero no podía porque estaba lleno de cosas. Entonces, se preparó para irse, y me dijo, pon tu casa en orden. . .

Me quedé perplejo, porque siempre soy una persona ordenada y el sofá nunca está lleno de cosas. Lo que percibí que me estaba diciendo era: cierra tus asuntos en Nueva York, es hora de mudarse a Puerto Rico. Volví a Nueva York y empecé a orar. Recé y ayuné hasta que Dios respondió. La respuesta de Dios fue que me mostró algunos de los drogadictos que había visto en Puerto Rico, tan desesperados por ayuda. Cuando oré, comencé a escuchar las palabras . Una Nueva Vida. Comencé a ver las hermosas Montañas de Puerto Rico, y una visión de abrir un Ministerio de Rehabilitación para Hombres en las Montañas de Puerto Rico comenzó.

Unos meses más tarde, regresé a Puerto Rico, ¡UN HOMBRE FELIZ! Esta vez me iba a quedar por seis semanas. La visión que Dios me dio estaba lentamente tomando forma. Comencé a formar un Ministerio Sin Fines de Lucro, llamado A New Life Men's Center, y sin estar seguro de donde comenzar, pero con mucha Fe, comencé a compartir la Visión y a hablar con muchos de mis nuevos amigos. Un amigo de mi primer viaje me permitió quedarme en su casa por dos semanas, hasta que se fue de vacaciones a Nueva York. Me llevó a su iglesia un domingo, y el Pastor me permitió hablar brevemente sobre mi visión. Más tarde, de vuelta en casa de mi amigo, se preocupó un poco porque todavía no había encontrado un lugar donde quedarme cuando él se fue a Nueva York. Llamó a uno de los miembros de su Iglesia que vivía cerca y tenía una casa grande con un apartamento completo abajo que estaba vacío. Cuando le preguntó al hombre si podía quedarme con ellos, lamentablemente, le dijo que no, porque no me conocían bien y no se sentían cómodos teniéndome en la casa. Mi amigo se desanimó un poco y se fue a la otra habitación a ver la tele. Varios minutos después, oí sonar su teléfono y empezó a hablar con alguien, pero no le oí muy bien. Pronto oí un fuerte grito de mi amigo: ¡Aleluya, gracias, Señor, te amo! ¡Has respondido a mi Oración! Entró en mi habitación muy emocionado y me contó lo sucedido. Después de hablar con su amigo, el hombre le contó la petición a su mujer. La mujer se sorprendió a todos. Cuando me oyó hablar en la Iglesia esa mañana, le dijo a su marido, el Señor le dijo, ¡ese es un Hombre de Dios, y se quedará en tu casa! ¡Aleluya! Después de escuchar esto, el esposo llamo a mi amigo de nuevo, y le dijo, ¡estaría bien si me quedaba con ellos!

Esta pareja se ha convertido en grandes amigos, y una tremenda bendición para mi vida. Cuando me mudé a Puerto Rico permanentemente en Octubre de 2019, me permitieron quedarme en su casa por más de un año.

Ahora, mientras me siento a terminar este capítulo, he vivido en Puerto Rico por más de cuatro años. Realmente agradezco a Dios por lo nuevo que ha hecho por mí y por A New Life Men's Center, así como por todas las cosas nuevas que aún tiene que hacer. Hemos comprado una hermosa propiedad en las Montañas de Puerto Rico. Nuestros primeros edificios, un Santuario, y Baño están casi terminados, y pronto tendremos Servicios de Inauguración especiales para dedicar el Santuario al Señor, y reconocer a los muchos que nos han ayudado con entusiasmo con este proyecto. Se están haciendo planes para la construcción de futuros edificios necesarios para abrir el Programa de Rehabilitación.

ORACIONES MILAGROSAS . ¡EN ACCIÓN!

No se recuerden de las cosas pasadas, ni piensen en las cosas antiguas He aquí, yo haré una cosa nueva; ahora brotará; ¿no la conocerás? Y haré camino en el desierto, y ríos en la soledad (Isaías 43:18-19)

Hoy, tal vez quieras algo más de tu vida. Tal vez no sepas exactamente lo que quieres, sólo algo más, y algo mejor.

¡ ORA ESTA ORACIÓN MILAGROSA!

¡Señor Jesús! Hoy vengo a ti. Es tiempo de algo nuevo en mi vida. Tú conoces los deseos de mi corazón, y lo que es mejor para mí. Derribo todo lo de mi pasado que me ha retenido. Se han ido y olvidado. Precioso Espíritu Santo, comienza ahora a liberar esa cosa nueva en mi vida de una manera poderosa. Envíame nuevas

personas y recursos que lo hagan posible. Ya está hecho. Aleluya. Ahora me muevo en Fe para trabajar con Dios y ver esa Nueva Cosa venir a mi vida En el Nombre de Jesús

Hacer el Bien y Sanando las opresiones del diablo, de Cerca y de Lejos

Una mañana salí a buscar un terreno en las montañas de Puerto Rico. El terreno no estaba lejos de donde yo vivía, pero no conocía la zona en absoluto. Un amigo me recomendó a un agrimensor que me ayudaría a inspeccionar el terreno si decidía comprarlo. La propiedad pertenecía a una familia, pero todos habían fallecido o vivían lejos. La albacea de la propiedad era una monja que vivía en la otra punta de la isla, y no podía decirme mucho sobre la ubicación de la propiedad, ya que se había mudado hace muchos años.

De todos modos, nosotros pusimos a buscar la propiedad, y llegamos a la ubicación en unos 15 minutos. Tras una media hora de preguntar a varios vecinos del barrio, por fin encontramos un camino de tierra que se adentraba en una selva al final de la urbanización. Afortunadamente, encontramos a un anciano que vivía cerca de este camino de tierra. Nos confirmó que, efectivamente, el terreno estaba más arriba, pero no sabía exactamente dónde. Nos aconsejó que no fuéramos a buscarlo, porque hacía muchos años que nadie subía por allí y el camino estaba lleno de maleza. Si estábamos realmente interesados en encontrar el terreno, nos recomendó que habláramos con un hombre llamado Freddie, que vivía cerca de la entrada de la carretera por la que habíamos llegado. Freddie había trabajado en la propiedad muchos años atrás, cuando era una granja activa. Ahora era mecánico, así que sería fácil encontrarlo: el patio con todos los coches cerca de la entrada desde la carretera principal. Si pudiéramos hablar con él, seguro que nos indicaría dónde estaba la propiedad.

Encontramos la casa de Freddie, con todos los coches, pero él no estaba allí. El agrimensor habló con su mujer, Cristiana, que estaba muy triste. Escuché la conversación, pero permanecí en silencio. Nos contó que su marido llevaba un mes fuera. Se había llevado a su hija Janine a un centro de tratamiento en San Juan, y allí se quedaba con ella y la cuidaba. Janine tenía poco más de veinte años, pero estaba padeciendo con una forma rara de cáncer, que requería un tratamiento especializado, ofrecido por este Centro de San Juan, supuestamente el mejor de todo Puerto Rico. La madre estaba muy disgustada, porque después de un mes, el tratamiento continuaba y los médicos no daban muchas esperanzas a Janine. Además, tenía que cuidar de sus dos hijos pequeños. No trabajaba y estaba muy triste, porque su única fuente de ingresos se había interrumpido, mientras su marido estaba fuera, incapaz de hacer su trabajo normal de mecánico. Cristiana no estaba segura de cuándo volvería su marido, pero nos aseguró que podría volver en cualquier momento.

Dejamos a Cristiana, sin muchas esperanzas sobre la propiedad en venta, o para su familia, y su hija Janine. Inmediatamente, en el coche de vuelta a casa, el Espíritu Santo comenzó a darme esa carga que conozco tan bien.

Llegué a casa por la tarde y terminé mi trabajo del día. Tan pronto como empecé a orar, supe que tenía que volver y hablar con Cristiana MUY PRONTO.

A la mañana siguiente, me levanté y recé mis oraciones habituales. Me dijo que hoy era el día para ir a visitar a Cristiana, y que debía llevarle un regalo. Así que fui al cajero automático y saqué algo de dinero para darle. Por la perfecta sincronización de Dios, un querido amigo de mi Ministerio me había dado recientemente algo de dinero, con instrucciones de ayudar a alguien necesitado aquí en Puerto Rico. Cuando junté los dos dineros, me sentí feliz de poder tener un regalo generoso para ayudar a Cristiana y a su familia.

Me paré frente a su casa y la llamé. A los pocos minutos salió y nos quedamos hablando al borde de la carretera. Me entristeció verla, y comprendí el sentimiento de Jesús cuando vio a las hermanas de su amigo Lázaro que había muerto.

Jesús lloró (Juan 11:35)

Le pregunté por Janine y su marido, y me dijo que ella estaba bien, pero que los médicos no le habían dicho si podría volver pronto a casa. Una vez más, mencionó lo difíciles que eran las cosas sin nadie que trabajara en la familia. Le dije que quería orar por Janine, pero que antes tenía un regalo para ayudar a su familia. Cuando le entregué el sobre, se puso a llorar un rato, ¡y luego hizo algo tan hermoso! De pie junto a ella, se dio el mayor de los abrazos a sí misma, ¡y me miró con gran agradecimiento! Casi lloro yo también, fue un momento muy especial. Supe lo que quería decir el apóstol Pablo cuando escribió

Más bienaventurado es dar que recibir (Hechos 20: 35)

Me sentí muy bendecida en aquel momento, pero no sabía que vendrían muchas más bendiciones. Oramos juntos por la curación de Janine y por toda la familia. Cristiana se sintió profundamente conmovida por la oración. Una vez más, se dio un fuerte abrazo, dio las gracias y me fui a casa.

Una semana y media más tarde, volví a ver a Cristiana. Para mi sorpresa, su marido estaba de nuevo en casa trabajando y Janine también. Aleluya. Los médicos la habían enviados a casa porque el cáncer había remitido por completo. Hablamos unos minutos y Janine salió de casa, muy bien vestida, me la presentaron brevemente y se marchó rápidamente de camino al trabajo. Qué día tan emocionante para mí ver a una joven tan guapa y sana, completamente restablecida y con fuerzas para trabajar.

Pasaron varios meses y me ocupé de otras actividades. Decidí que la propiedad que habíamos mirado no era una buena idea, debido a su ubicación remota y a la cantidad de trabajo que sería necesario para hacerla adecuada. Un día fui al supermercado a comprar algunas cosas. Estaba en la fila de la caja detrás de un hombre con un carrito de la compra lleno hasta arriba de alimentos y artículos domésticos. La mujer que estaba a su lado le habló y se marchó, al parecer en busca de otra cosa. El hombre se volvió brevemente para mirarme, y me acordé de él inmediatamente. Le pregunté: "¿No es usted el mecánico llamado Freddie? Me dijo que sí y nos dimos la mano. Su mujer volvió, me saludó y esta vez me dio un fuerte abrazo. Me informaron de que sí Janine, y toda la familia estaban sanos y se encontraban muy bien. Hablamos un rato, ambos nos fuimos y nos despedimos. Entré en mi coche y empecé a decir ¡¡¡ALABADO SE-ÑOR! ¡! ¡! ¡Qué momento de alegría! Había conocido a esta familia hacía varios meses, en una verdadera crisis. Una hija de unos veinte años, luchando contra el cáncer. El padre incapaz de trabajar, porque necesitaba cuidar de ella, y luchando para mantener a la familia alimentada debido a esta situación. Ahora ver que Dios la había sanado, estaba viviendo la vida que Él diseñó para ella, y hoy, regresan a casa con un coche lleno de comida y provisiones para la familia. ¡Tengo que decir que Dios es Grande, de verdad!

ORACIONES MILAGROSAS . . . ¡EN ACCIÓN!

Cómo Dios ungió con el Espíritu Santo y con poder a Jesús de Nazaret, el cual anduvo haciendo bienes y sanando a todos los oprimidos por el diablo, porque Dios estaba con él (Hechos 10:38)

Respondiendo el centurión, dijo: Señor, no soy digno de que entres bajo mi techo; solamente di la palabra, y mi criado sanará.

Y Jesús dijo al centurión: Vete; y como creíste, te sea hecho. Y su criado quedó sano en la misma hora. (Mateo 8:8 y 13)

Podemos aprender algunas cosas de las escrituras anteriores sobre el Ministerio de Sanación de Jesús:

1. Una parte importante del Ministerio de Jesús era HACER EL BIEN. Él ama ayudar a los que están en situaciones desesperadas

2. Jesús es capaz de acabar con la opresión del diablo y traer Sanidad

3. Él es capaz de Sanar a alguien que está a una gran distancia, y hacerlo inmediatamente.

Cuando aprendemos a hacer cosas buenas por alguien, y orar por ellos también, Dios puede hacer grandes cosas. En el caso del Centurión, y su sirviente enfermo, él tenía la Fe que la Palabra de Jesús era suficiente para sanar al sirviente que estaba lejos de ellos. Mientras Jesús le hablaba, ¡el siervo fue sanado!

ORA ESTA ORACIÓN MILAGROSA:

Padre Celestial : Dame poder para continuar el poderoso Ministerio de Sanación de Jesucristo. Ato al diablo, y destruyo todas sus fuerzas de opresión. Espíritu Santo, guíame hacia aquellos que necesitan tu bondad, sanación y liberación. Ayúdame a bendecir generosamente a aquellos que a mi alrededor tienen grandes necesidades. Úsame para hacer grandes Milagros

En el Nombre de Jesús

Cirugía hepática divina

Hace varios años, recibí un correo electrónico de una mujer de Australia. Ella estaba preocupada por un dolor severo en su hígado, y había ido al doctor para un ultrasonido. Ella me había oído predicando y orando en un programa de radio, y quería mi ayuda. Al leer su correo electrónico, supe que podía ayudarla. Concertamos una llamada. Cuando hablé con ella, empecé a hacerle algunas preguntas. Averigüé varias cosas: había sufrido abusos sexuales de niña, y después había tenido varias relaciones fuera del matrimonio. También había tenido sueños durante muchos años en los que era atacada por un oso rojo o una gran serpiente negra. Hablamos de otras cosas, pero desde el momento en que leí el correo electrónico, me vino a la mente una escritura. Después de hablar con ella, miremos la escritura y le expliqué algunas cosas. Veamos primero la escritura:

Y he aquí que le salió al encuentro una mujer con atavío de ramera, y sutil de corazón. . . Hasta que un dardo le atravesó el hígado; como ave que se apresura al lazo, y no sabe que es para su vida. (Proverbios 7:10- 23)

¿Qué ocurrió en esta Escritura? Describe a un joven que es seducido por una mujer inmoral, y finalmente queda fatalmente enganchado, y en camino a la muerte. La relación con la mujer de Australia era simple. Había inmoralidad sexual en su pasado, y como resultado de eso, demonios de enfermedad se habían alojado en su hígado, como los dardos de los que habla la Escritura. Hicimos una serie de oraciones y la presencia de Dios la tocó inmediatamente. El dolor desapareció al instante. Cuando volvió al médico, le hicieron otra prueba, y las pruebas confirmaron lo que ya sabíamos: El hígado estaba perfectamente sano, y Dios la había sanado.

La Biblia habla de algo llamado Dones de Sanación

Porque a uno es dado por el Espíritu. . los dones de sanidad (1 Corintios 12:8 y 9)

Después de entender la revelación de esta Escritura, y escuchar el testimonio de la mujer, añadí este don a mi caja de herramientas, listo para sacarlo tan pronto como alguien más viniera con un problema similar, y ver a Dios sanarlos también.

Efectivamente, en Puerto Rico, empecé a trabajar con una querida amiga que sufría molestias en la zona del hígado desde hacía muchos meses. Ella había ido al doctor recientemente, y el diagnóstico realmente la había asustado. Las pruebas revelaron que su hígado había comenzado a fallar, y estaba en la Etapa Uno. Estaba aterrorizada porque los médicos le dijeron que, de seguir así, la cuarta fase sería mortal. Le conté el testimonio de la mujer de Australia. Entonces oramos una serie de oraciones. Puse mi mano sobre su hígado y recé hacia el final. Después, ella se sorprendió al decirme que durante varias horas había una presión constante y un calor constante en su hígado, como si alguien estuviera presionándolo. La Biblia nos dice,

Y ahora, Señor, atiende sus amenazas... extendiendo tu mano para sanar; y que se hagan señales y prodigios en el nombre de tu santo hijo Jesús. (Hechos 4:29 y 30)

Una vez más, el Señor lo había hecho por este querido amigo. La mano del Señor la había tocado literalmente durante varias horas, realizando su divina operación de hígado, y eliminando toda amenaza y flecha maligna de enfermedad. Ella estaba muy confiada, y varias semanas después, fui con ella a una visita de seguimiento con el especialista del hígado. Nuevamente, los doctores confirmaron que su hígado estaba perfectamente sano, ¡y que la falla se había detenido por completo! ¡Alabado sea el Señor!

ORACIONES MILAGROSAS... ¡EN ACCIÓN!

Y ahora, Señor, atiende sus amenazas... extendiendo tu mano para sanar; y que se hagan señales y prodigios en el nombre de tu santo hijo Jesús. (Hechos 4:29 y 30)

Ahora, quiero hablar a cualquiera con un pasado, y cualquiera con algún tipo de enfermedad en su cuerpo. Cuando digo, alguien con un pasado, debe ser claro, muchos de nosotros hemos tenido relaciones anteriores fuera del matrimonio. Lo que debemos darnos cuenta de estos dos casos es que cuando esto sucede, algo es literalmente depositado en nuestros cuerpos, que puede resultar en enfermedades posteriores. Si esa persona es usted, sería bueno orar estas Oraciones. Dependiendo de la gravedad de la enfermedad. incluso puede ser necesario Ayunar y Orar. Pero, por favor sepa que Dios es capaz de sanarlo.

La Escritura anterior describe amenazas del enemigo. Debemos saber que a menudo la enfermedad viene y amenaza nuestras vidas, nuestros pensamientos y emociones, y si no se trata, puede incluso matarnos. Pero como hemos visto en estos dos casos, Dios es capaz de extender Su Mano de Poder y realizar el Milagro de la Sanación.

ORA ESTA ORACIÓN MILAGROSA:

Padre, en el Nombre de Jesucristo, vengo a ti en Fe por mi Liberación y Sanación. Hoy confieso todos mis pecados, y me arrepiento de cualquier inmoralidad sexual en generaciones pasadas, y en mi propia vida. Hoy yo reprendo a todo espíritu inmundo causante de esta enfermedad, y les ordeno que salgan ahora mismo. Todo pacto maligno de mi vida está ahora roto. Vengo a ti ahora Jesús, y te pido que me limpies y me sanes. Renuevo mi Alianza contigo a través de tu preciosa Sangre. Que el Poder del Espíritu Santo corra a través de mi cuerpo ahora mismo, de la cabeza a los pies, y me sane y me libere. En el nombre de Jesús.

Conclusión

Por ahora, entendemos el Poder que nuestras oraciones contienen, y cuan instrumentales son para obtener Milagros de Dios. Después de ver muchos diferentes testimonios y promesas bíblicas, estamos en camino a orar de una manera que sacuda el reino de las tinieblas, y mueva la mano milagrosa de Dios a la acción.

Para terminar, veamos dos escrituras más que nos ayudarán a recibir muchos más milagros únicos y espectaculares de los que jamás creímos posibles.

De cierto, de cierto os digo: El que cree en mí, hará las obras que yo he hecho, y aún mayores hará, porque yo voy al Padre. (Juan 14:12 NVI)

En este versículo, Jesús les dice a sus discípulos que harán cosas aún mayores que él, ¡cosas más extraordinarias y maravillosas! Eso es mucho pedir. Es una carga para nosotros esperar milagros espectaculares.

Cuando Jesús fue al Padre en el Cielo, envió al Espíritu Santo a vivir dentro de nosotros. La persona de Jesucristo, en la forma del poderoso Espíritu Santo, vive dentro de cada uno de nosotros creyentes. ¡Esto es lo que hace que estas cosas más grandes sean posibles! Porque Él vive dentro de nosotros, ¡vamos adelante esperando milagros espectaculares! Ahora a la escritura final -

Este es el discípulo que da testimonio de estas cosas .

Y hay también muchas otras cosas que Jesús hizo, las cuales, si se escribieran todas, supongo que ni el mundo mismo podría contener los libros que se escribieran. Amén. (Juan 21:24, 25)

¿De qué habla aquí el apóstol Juan? Jesús hizo tantas cosas maravillosas que el mundo no puede contener todos los libros que darían testimonio de ellas. A medida que hacemos cosas más grandes que Jesús, ¡también debemos esperar llenar el mundo con más milagros de los que se pueden contar!

PARA TERMINAR, RECEMOS ESTA ÚLTIMA ORACIÓN MILAGROSA -

Señor Jesús -

A medida que avanzo, por la plenitud del Espíritu Santo, que los Milagros espectaculares aumenten en mi vida. Que no sólo sean asombrosos para todos, sino tantos, que no se puedan contar. Así sea hecho para tu Gloria eterna.

En el nombre de Jesús

Endosos

Lo que era desde el principio, lo que hemos oído, lo que hemos visto con nuestros ojos, lo que hemos contemplado y han tocado nuestras manos, del Verbo de vida, (1 Juan 1:1)

Este hermoso libro es una clara declaración de lo que el gran Siervo de Dios, Michael Blacker, ha visto, y sus manos han manejado. No es una historia o un rumor. Es un relato de primera mano de la manifestación de la Gracia y la Gloria de Dios. Bien elaborado, diseñado y escrito con el propósito de que usted y yo podamos saber que, efectivamente, Dios todavía está en el negocio de la sanidad, liberación y el avance. Es mi oración que cuando leas este libro, puedas acceder a las verdades divinas que están tan claramente declarados en este libro, y tu vida no quedara igual - en el poderoso nombre de Jesús.

Michael Blacker es un hombre que conozco muy bien - un gran siervo de Dios que tiene el celo y gran deseo por el Poder y el mover del Espíritu en este tiempo final. Él es una máquina de Oración - el ama orar, y permanecer en la Presencia de Dios a través del ayuno regular. Las muchas pepitas disponibles en este libro son los más de 25 años de su trabajo con Dios. Mientras lees, creo que empezaras a experimentar la plenitud de la Gloria de Dios en el nombre de Jesús. De hecho - no morirás, sino que vivirás y anunciarás las obras del Señor. Recomiendo altamente este libro. Que Dios le bendiga.

Reverendo Anthony Oghre

Secretario del Consejo de Ministros World Evangelism Bible Church Worldwide

Coordinador Iglesia Bíblica de Evangelismo Mundial EE.UU. y Canadá

Pastor de Distrito Surulere District , Lagos , Nigeria

Michael Blacker tiene un amor sincero por Dios que es evidente en su ministerio y en sus escritos. En este libro comparte con usted su corazón por Dios y su fe inquebrantable que ha visto a Dios realmente responder a la Oración. Que sus experiencias de Milagros y Sanidades te animen, profundicen tu fe y te den la esperanza de que Dios está contigo, ¡porque nada es imposible para Dios!

Lori Torrano Capellán de hospital

A medida que nos acercamos a los últimos días antes del regreso del Mesías, el Reino de Di-s debe surgir de nuestro interior para demostrar su poder a un mundo perdido y moribundo. No sólo es evidente el Poder de Yeshua en la vida de Michael Blacker, sino que usted será alentado a aprender cómo aplicarlo a su propio caminar a través de algunas de sus increíbles experiencias y poderosas oraciones. Él se ha movido en fe, creyendo la palabra de Di-s y aplicándola donde quiera que va. ¡Esto es verdaderamente Oración en acción! ¡Un verdadero constructor de fe!

Reverendo Grant Berry Ministro Principal y Autor Mesiánico Messiah's House y Reconnecting Ministries

En siete años con nuestro ministerio, el Pastor Michael ha ayudado a muchos a tratar las raíces de sus problemas, recibir libertad y regresar a sus familias útilmente enteros. Estoy entusiasmado con Oraciones Milagrosas. Su ministerio de sanación ha sido una bendición para todos nosotros en Pivot. En tiempos en que la oscuridad parece cubrir la tierra, este libro es una poderosa herramienta que traerá la sanación de Dios a personas de muchas naciones.

Reverendo Richard T Williams, Director

Ministerios Pivot, Inc.

Ministerio de Rehabilitación de Drogas y Alcohol para Hombres

A NEW LIFE MEN'S CENTER

Puerto Rico tiene hoy gran necesidad de un Programa de Rehabilitación de Drogas y Alcohol fuerte y bien estructurado que ayude a resolver el problema crónico de adicción entre los muchos hombres de la Isla, y produzca futuras generaciones de hombres y familias productivas y sobrias. A New Life Men's Center es un programa en construcción, ubicado en una hermosa finca en las Montañas de Puerto Rico. Muy pronto estaremos abriendo nuestro programa para servir a los hombres de Puerto Rico, sus familias, y eventualmente a los de muchas otras naciones.

Para ayudar a construir nuestro programa o para más información contáctenos en :

anewlifemenscenter@yahoo.com

 @ Pastor Michael Blacker